„Denn nur wer täglich 3 x lacht,
hat, was er macht, auch gut gemacht !"

Der Spaß-Poet

Herstellung: Books On Demand GmbH
ISBN 3-8311-2115-X

Sie sind mürrisch, mies gelaunt und haben Ihren
Humor verlegt ?
Sie haben schon alles versucht, um da wieder raus
zu kommen ?
Wirklich alles ?
Haben Sie schon dieses Buch gelesen ?
Nicht ?
Und warum sind Sie dann immer noch hier vorne ?

W e i t e r b l ä t t e r n . . . . !!

INHALTSVERZEICHNIS:

17. Sammel-Wut

18. Schluckauf – HICKS –

19. Die schöne Maid im Sternenkleid

20. Auf und nieder, immer wieder

21. „Eine Seefahrt, die ist lustig,
     ... ääh ..., hai *ter*"

22. Garantiert kaputt

23. Virus X - da hilft rein nix

24. Kampf den Pfunden

25. Die gute alte Tanzschulzeit

26. Mensch-Ärger-Dich-Nicht

27. Räuber-Romanze (FSK: ab 18 J.)

Zorro reitet wieder .....

1.   Zorro reitet wieder .....

Die Nacht schweigt still, kein Käuzchenruf,
... doch dort von Fern, - ein Pferde-Huf !
Ein schwarzer Reitersmann durchbricht
des Silbermondes weißes Licht.
Mit Flügel-Ross fliegt er geschwind
samt Buch und Feder auf dem Wind.
Wer mag dies sein, - man sieht es nicht -,
maskiert in Schwarz auch sein Gesicht.
Doch siehe da, es fällt ein Strahl
vom Mondeslicht auf Federstahl.
Vom Licht erhellt blinkt auf der Brust
sein Zeichen auf, - ich hab´s gewusst !
Auf schwarzem Stoff in silbern steht
ein großes

      `S´

        für Spaß-Poet !

Mein kleiner Reim vom Altenheim

2.   Mein kleiner Reim vom Altenheim

Ich schrieb ja schon so manchen Reim,
doch nie was über´s Altenheim;
heut´ zeig´ ich euch, - falls ihr´s nicht wisst -,
dass dort noch sehr viel Leben ist.
Den Menschen dort, - ganz allgemein -,
soll dies Gedicht gewidmet sein;
Bewohner, Pfleger, - ganz egal -,
verdienen das doch allemal.
Solch´ Wort tut Not, denn alldieweil
gibt´s ach, so manches Vorurteil;
das eine stimmt, das and´re nicht,
- wie ich das mein´, zeigt dies Gedicht.
Ein jeder hat im Kopf ein Bild,
- was sicher auch für Dichter gilt -,
ein Beispiel ist für dies Klischee
das Alten-Wohnheim `KANAPEE´.
Beim Treffen vom `Senil-Verein´
gibt´s Kaffee, Kuchen, Moselwein;
den Vorsitz führt „vereinserfahr´n"
Frau Trude Schmitz - mit 100 Jahr´n.
Seit 5 Jahrzehnten, - glaubt man kaum -,
tagt dieser Club im Häkelraum,
allmonatlich wird debattiert
was hier im Haus denn so passiert.

Als Sprachrohr für die Pflegerschaft
und sehr robuste Arbeitskraft,
nimmt Oberschwester Hildegard
kein Blatt vor Mund und Damenbart.
Sie weiß aus ihrer Dienstgeschicht´
„Auch Alter schützt vor Torheit nicht"
und von den „Omis" im Verein
kann manche richtig zickig sein.
Auch Männer sind stets gern geseh´n,
denn, - was so manche nicht versteh´n -,
die Reiberei´n mit netten Herrn
genießt man auch im Alter gern.
Als „Kavalier der alten Schul´"
zieht `Mann´ den Hut und rückt den Stuhl,
doch geht´s hier im Geschlechterstreit
auch manches Mal ein Stück zu weit.
Die Damen hier und auch die Herrn,
die regeln das „vereins-intern",
- welch´ Wissen lässt sich da erziel´n,
wenn wir jetzt hier mal Mäuschen spiel´n.
Den Vorsitz führt, - wie schon bekannt -,
Frau Trude Schmitz mit harter Hand,
als Dame noch vom alten Stil,
ist sie zwar grau, doch nicht senil.
Ganz anders tönt die „Bäuerin",
- die langt verbal so richtig hin -,
von lebenslanger Feldarbeit
ist sie zwar krumm, doch ziemlich breit.

2 - 2

Frau Lieselotte Meier-Stich
vergisst sehr viel und merkt dies nich´,
dafür hat sie Frau Sumsemann,
die alles, nur nicht laufen kann.
Die 2 als Team sind wohlbekannt,
genau wie Herbert Hildebrandt,
- gilt dieser in der Damenwelt
doch allgemein als Frauenheld.
Graf Willibald von Uhlenstein
ist adelig und will´s auch sein,
der „Uhlen-Graf" mit Stock und Hut
wird gern bedient, - das kann er gut.
Zu haben stets für jeden Mist
ist Berta, die gern Süßes isst,
ihr Zucker steigt, der Umfang auch,
vom ganz enormen Nasch-Verbrauch.
Bis jetzt fand hier noch keiner raus:
„Wie bringt sie dieses Zeug ins Haus ?",
ihr Schrank ist stets, - was er nicht soll -,
bis oben hin mit Süßem voll.
Frau Wunderlich ist leicht verwirrt
weswegen sie sich gern verirrt,
die Fahndung läuft, - was jeder kennt -,
wenn Omi durch die Gegend rennt.
Als „Nachbar-Schreck" vom alten Schlag
klatscht Ilse Klein den ganzen Tag,
egal was läuft, sie kriegt es raus
und tratscht es rum im ganzen Haus.

Beliebt im Haus bei jedermann
ist zweifellos der „Friesen-Jan",
ein Leben lang zur See gefahr´n,
lief er hier ein vor 20 Jahr´n.
Von Wind und Salz gegerbte Haut,
`ein Mords-Organ, schön tief und laut,
ein echter Seebär, - knochenhart -,
mit Seemanns-Mütz´ und Rauschebart.
Der Alten-Club im KANAPEE
hat Tradition seit eh und jeh;
hebt Trude Schmitz dann vorn die Hand,
sind alle still und sehr gespannt.
„Willkommen im Senil-Verein !",
beginnt sie stets, - jahraus, jahrein -,
„So außer mir sind wir ja heut´ "
- dann zwinkert sie -, „nur junge Leut´."
Bevor sie noch was sagen kann
da meldet sich Frau Sumsemann:
„Wir haben ein Geburtstagskind"
worauf sie gleich ein Lied beginnt.
„Froohoolocket, ihr Engel, schenkt Segen und Glück.
Fü-ür Liesel, die Gute, vom Himmel ein Stück !",
- auch Liesel singt, die dieses glatt
schon wieder mal vergessen hat.
Mit Tränen in den Augen dann
zerdrückt sie fast Frau Sumsemann,
„Dass alte Mädchen", lacht sie blind,
„doch immer so vergesslich sind."

2 - 4

Auch Friesen-Jan nimmt sie auf´s Korn
und poltert wie ein Nebelhorn:
„Komm heer, ming Deern, jetz´ iss mann juut.
Koin Grrunt, dass mann gleich heulen tut."
Vom smarten Herbert Hildebrandt
gibt´s einen Kuss gleich auf die Hand,
das animiert Frau Ilse Klein
zu einem spitzen: „Ach, wie fein!"
Der Uhlen-Graf schließt sich sodann
mit steifem Gruß dem Volke an,
die „Bäuerin", Frau Anna Moll,
ruft: „Glückwunsch, Liesel. Find´ ich toll."
Auch Berta, die schon wieder kaut,
hat sich vor Liesel aufgebaut.
„Geburtstagskuchen", flüstert sie,
„besorg´ ich noch.", - kein Mensch weiß, wie!
Frau Wunderlich, die stimmt sodann
ein Wanderlied von früher an
und zieht verwirrt, doch voller Kraft,
zur Tür hinaus auf Wanderschaft.
Doch Oberschwester Hildegard
kriegt sie noch ein, gleich nach dem Start,
und macht ihr klar, - mit kleiner List -,
dass erst mal Zeit für „Picknick" ist.
Erfreut, weil sie das gerne mag,
singt sie sogleich „Ein schöner Tag"
nach nur 3 Strophen klappt es dann,
dass Trude Schmitz beginnen kann.

„Punkt 1, der auf der Liste steht,
heißt heut´ PREMIERE-WORLD-Paket.
Die Männer woll´n", verkündet sie,
„im Fernsehraum jetzt PAY-TV."
„Die Kerle woll´n", hetzt Ilse Klein,
„doch sicher nur so Ferkelei´n.
Man liest doch heut´ schon überall,
das Fernseh´n ist ein Schweinestall."
„Boim hoiligen Klabautermann !
Nur Tün-Kram hier !", röhrt Friesen-Jan,
„So´n richtig dollen stoilen Zahn,
gibt´s eh nur auf der Reeperbahn."
Dies Stichwort nutzt Frau Wunderlich
und ruft erfreut: „Das kenne ich"
und schon singt sie mit Friesen-Jan
den Reeper-Song, so laut sie kann.
Das Albers-Lied vom „blonden Hans"
führt allgemein zum Schunkel-Tanz,
im Häkel-Raum geht es im Nu
wie auf der „Roten Meile" zu.
Nach Albers, Hans gleich zu Beginn
grölt nun der Jan wie Freddy Quinn,
bei „Junge, komm´ zurück Nachhaus´"
drückt Berta sich ein Tränchen raus.
Nach 2,3 Songs vom Seemanns-Chor
sind endlich wieder alle Ohr,
auch Trude Schmitz hat, - wie es scheint -,
aus tiefstem Herzen mitgeweint.

2 - 6

„Nach Fernweh und Matrosen-Spaß
ist Thema 2 der Mannschafts-Fraß.
Ein großer Teil hat sich beschwert,
er sei nicht mal das Kauen wert.
Statt durchgedrehtem Fleisch-Püree
wird Steak gewünscht und Bier statt Tee."
Die Oberschwester lacht und spricht:
„Ein schönes Steak, wer mag das nicht ?
Nur gibt´s auch Herren und auch Frau´n
die längst schon auf der Felge kau´n.
Wer´s anders mag, sagt nur Bescheid,
die Küche ist sehr hilfsbereit.
Und ab und zu ein Gläschen Bier,
das krieg´ ich hin, - versprech´ ich hier -,
der Mannschafts-Fraß", stimmt sie mit ein,
„soll niemals Grund zum Meutern sein."
Die „Bäuerin", Frau Anna Moll,
vermerkt dies gleich im Protokoll,
Frau Trude Schmitz kommt zu Punkt 3
und dieser heißt heut´ `Raserei´.
„Man hat sich hier erneut beschwert,
dass sich zur Zeit das Rasen mehrt,
drum nochmals mein Vernunfts-Appell:
Fahrt auf dem Gang nicht stets so schnell !
Ein Rollstuhl ist kein `Silberpfeil´,
kein `Roter Blitz´, - im Gegenteil -,
das Haus ist doch, - seht dieses ein -,
ein Alten- und kein Hockenheim."

Frau Sumsemann ist Schumi-Fan,
was ich aus gutem Grund erwähn´;
hält sie doch auf Etage 3
den Gangrekord mit Eins-Null-Zwei.
Ihr Feuer-Stuhl ist saubequem
und trägt das `*Schwarzer Hengst-Emblem*´,
doch jetzt wird sie ganz klein und still
und schwört, dass sie sich bessern will.
Frau Schmitz die nickt: *„Dann kommen wir
im Sauseschritt zu Thema 4.
Es scheint, als ging hier still und stumm
ein kleiner frecher Kobold um.
Gebisse fehl´n an jedem Fleck,
im ganzen Haus sind Zähne weg.
Der Wicht muss her und zwar geschwind,
bevor wir alle zahnlos sind."*
Im Hintergrund verkrümelt sich
ganz unbemerkt Frau Wunderlich,
beim Thema *„Zähne"* fiel ihr ein,
es könnt´ noch was zu finden sein.
Sie hat `nen Riesen-Spaß daran
zu sammeln, was sie kriegen kann,
in ihrer Sammlung, - gut versteckt -,
hätt´ mancher sein Gebiss entdeckt.
Prothesen, Brücken, Zahnersatz,
hat sie versteckt, - das ist ihr Schatz -,
in einer Linie aufgereiht
sind die doch stets gesprächsbereit.

Ihr Prunkstück stammt von Ilse Klein,
die immer tratscht und meist gemein,
seitdem sie ihr Gebiss vermisst,
doch alles etwas ruhiger ist.
Graf Willibald von Uhlenstein
wirft zwischendurch die Frage ein:
„Verehrte Schwester Hildegard,
wie kommt´s, dass ich seit Tagen wart´
dass jemand hier vom Personal
mir Tabak kauft. Ist dies normal ?"
Die Oberschwester lächelt mild
weil´s hier sich zu beherrschen gilt.
„Mein lieber Graf von Uhlenstein,
jetzt woll´n wir doch mal ehrlich sein,
ich bin zwar hier nur Arbeitskraft,
doch Sklaverei ist abgeschafft.
Ein jeder kriegt, - behaupt´ ich glatt -,
die Hilfe, die er nötig hat,
doch `Pfeife stopfen´ zählt partout
in ihrem Fall noch nicht dazu."
„Ich glaub´, Herr Graf sind sich zu fein.",
bemerkt ganz spitz Frau Ilse Klein,
von Friesen-Jan kommt: „Pfoifen-Pack.
Min Jung, probier´ man Kau-Tabak."
Den „Tabak-Priem" vom Friesen-Jan
nimmt unser Graf dann doch nicht an,
er zieht am Pfeifchen, - frisch gestopft -,
als jemand an der Türe klopft.

Der „Zivi" Max entschuldigt sich
und sagt: „Ich bring´ Frau Wunderlich.
Ich ging ihr in den Keller nach,
wo sie mit 10 Gebissen sprach."
„Da ham wir den Klabauter schon,"
lacht Friesen-Jan, „is´ juut min Sohn."
und Ilse Klein nimmt sich sodann
der lang vermissten Beißer an.
Nur mühsam ernst hebt Trude Schmitz
sich vorne aus dem Vorstands-Sitz:
„Dann woll´n wir uns mal gleich beeil´n
und diesen Fund im Haus verteil´n.
Schon jetzt lad´ ich euch alle ein,
beim nächsten Treff dabei zu sein."
und wenn man das ganz wörtlich nimmt
meint sie auch uns, - ich komm´ bestimmt.
So endet hier mein kleiner Reim,
mein Bildertraum vom Altenheim,
wer jetzt noch sagt: „Ich glaub´, der spinnt"
vergisst, dass dies nur Märchen sind.

Urlaub auf dem Bauernhof
(Harms, Teil IV)

3.   Urlaub auf dem Bauernhof
**   (Harms, Teil IV)**

In jedem Jahr zur Sommerzeit
erlöst ein `GONG´ von Stress und Leid,
es hüpft und lacht ein jedes Kind
weil endlich wieder Ferien sind.
Der heißgeliebte Ranzen fliegt
ins letzte Eck´, wo er dann liegt,
6 Wochen lang gibt´s nur ein Ziel:
Streiche, Scherze, Spaß und Spiel !
Auch Bauer Harms, - dem Ekel -, droh´n
die Flauserei´n vom Enkelsohn,
der kleine süße Sprössling ist
„ein echter Harms", - im Kopf nur Mist.
8 Jahre alt und wie ich find´
ein stinknormales Großstadtkind,
will Max nur eins, wie wir erfahr´n:
„Die Schweinchen seh´n und Trecker fahr´n !"
Mit Sack und Pack zieht Maxilein
für einen Tag bei Opa ein,
im Marschgepäck hat Max auch nur
das Muss für diese Landei-Tour.
Den Bauern und die Bäuerin
zieht´s nicht sehr oft zur Großstadt hin,
hier draussen ist, auf plattem Land,
manch´ Großstadt-Unsinn unbekannt.

Zum Fernseh´n ein Schwarz/Weiß-Gerät,
- was Max ja noch nicht stören tät -,
doch dieses Teil kriegt nicht einmal
den heißgeliebten Sportkanal.
Kein Disney-World, kein MTV,
kein Hightech hier, nur sehr viel Vieh,
„Ich glaub´, hier muss ..", denkt Maxilein,
„... ein bisschen Spaß und Action rein !"
Die Bäuerin, die ist auch schon
total verzückt vom Enkelsohn,
doch Opa Harms denkt nur daran,
womit er vor ihm protzen kann.
„Wir gehen gleich auf jeden Fall
zuerst mal in den Schweinestall",
spricht Bauer Harms in Arbeits-Kluft,
mit Aftershave, Typ *„Landhaus-Duft".*
„Oh toll, wie fein. Ob ich denn dann
so´n Schweinchen auch mal halten kann ?",
- dem kleinen Max war sonnenklar,
dass dieses hier `ne Chance war.
„Ich zeig´ dir auch ..", der Bauer lacht,
„... wie man aus Ferkeln Würstchen macht.",
sein Arbeits-Dress aus grobem Cord
zeigt Spuren noch vom letzten Mord.
„Au ja, .." ruft Max und denkt sich dann:
„... doch nicht, wenn ich´s verhindern kann.
Ich glaub´, der Tag wird echt `ne Wucht.",
grinst Max und plant die Ferkel-Flucht.

Ein wenig Glück, das braucht man schon
für jede Art Geheim-Mission,
doch selbst James BOND kriegt jedes Mal
vom alten Q. auch Mat´rial.
Wie gut, dass Max sich in der Stadt
für jeden Fall gerüstet hat,
im wasserdichten Rucksack steckt
so manches Teil, das Freude weckt.
CB-Funk, Murmeln und ein Berg
von Krachern, Heulern, Feuerwerk,
sehr hilfreich wird auch dieses mal
die Wasser-Pump-Gun *„Aqua-Strahl"*!
Behutsam räumt er ganz am End´
`ne Waffe aus, die jeder kennt,
- die Stink-Granaten, Typ *„Bestial"*,
sind brandgefährlich, allemal.
Der pfiffige Agentenspross
bezieht Quartier im Dachgeschoss,
als Notausgang für diesen Raum
steht gleich vor´m Haus ein Ahornbaum.
Mit Papas Fernglas, das er statt
zu fragen kurz *„geliehen"* hat,
sucht Max von seinem Fenster aus
die Gegend ab ums Bauernhaus.
Die Anschleichwege sind perfekt
und Maxi hat zudem entdeckt,
der Schlüssel zu den Ställen hängt
grad´ dort, wo man das niemals denkt.

Vom Hochsitz aus stellt Maxi fest
wo Opa Harms den Schlüssel lässt,
nach alter Indianer-List
weiß Max, was nun zu tuen ist.
Mit Kriegsgeheul und Marterschrei´n
stürmt `Häuptling´ Max zur Küche rein
und klammert sich am Opa fest,
der dies verdutzt geschehen lässt.
Der hochbegabte Schlüssel-Dieb
drückt dann auch noch die Oma lieb,
dann rast er raus mit diesem Ding,
das grad´ am Hals von Opa hing.
Nach ca. 5 Minuten dann
springt Max erneut den Opa an
und hängt dabei sein Beutestück
klammheimlich an den Hals zurück.
„Gleich kommt ein guter Freund von mir,
der Metzger-Meister Süffelbier,
der holt die ganzen Schweine ab
die ich für ihn gezüchtet hab´.
Wenn du noch willst," spricht Harms sodann,
„schau´n wir die Viecher jetzt noch an,
denn morgen kannst du sie um 10.00
als Wurstbelag auf Brötchen seh´n."
Ganz traurig schaut der Max ihn an
und hofft, dass er´s verhindern kann,
der Opa poltert: „Guck´ nicht so.
Hier is´ ´ne Zucht, kein Streichel-Zoo."

War Max bis jetzt noch zögerhaft,
gab dieser Satz ihm neue Kraft,
von Stunde an gelobte er:
„Ab heut' ess ich kein Schnitzel mehr!"
In dem Moment ertönt auch schon
vom Zufahrtsweg ein Hupen-Ton,
der Schweinchen-Schlächter Süffelbier
grölt über'n Hof: *„Watt iss jetz' hier?"*.
„Der Süffel-Kopf!" lacht Harms und spricht
zum Enkelsohn: *„Dann klappt's wohl nicht.
Wir laden jetzt die Ferkel auf
und du gehst schön ins Zimmer rauf."*
Der Max gehorcht so gern wie nie,
- kriegt er doch so ein Alibi -,
zum Fenster raus, per Notausgang,
schwingt Äffchen Max am Ast entlang.
Den Rucksack hat er festgeschnallt
und lauert nun im Blätterwald,
ein Auspuff knallt, der Laster hält,
- grad' unter'm Baum, fast wie bestellt.
Der Metzger und das Bäuerlein
beginnen gleich, sich anzuschrei'n;
mit rotem Kopf, der glänzt vom Schweiß,
verhandelt man den Ferkel-Preis.
Ein Donner-Schlag vor's Schulterblatt
bezeugt, was man vereinbart hat,
- 2 echte Männer, frisch vom Land,
vereint im Schmutz und im Verstand.

Der Bauer grinst: „Dann woll´n wir mal"
und zerrt am Schloss vom Stall-Portal;
Klein-Maxi grinst, - aus gutem Grund -,
das Tor schwingt auf und dann geht´s rund.
Ein rosa Meer aus ganz viel Schwein
bricht quiekend über Harms herein,
auch Süffelbier im Schlachterhemd
wird ohne Chance davongeschwemmt.
Der Bauer steigt, - ´nem U-Boot gleich -,
als Taucher aus dem Ferkel-Teich,
wie Moses einst im Rosa Meer
hebt Harms die Faust und brüllt nur: „Wer ?"
Mit diesem „Wer" ist, wie es scheint,
der kleine Kerl im Baum gemeint,
denn dieser hat vor kurzer Zeit
die Schweinchen aus dem Pferch befreit.
Gezeichnet von der Schweine-Flut
tritt Bauer Harms in wilder Wut
grad´ mitten in die Schweinchen rein
und trifft mit Wucht .... das Metzgerlein.
Der bäuerliche Stiefelspann
traf dort, wo der´s nicht haben kann,
er stemmt sich hoch und schnappt nach Luft
und keucht voll Schmerz: „Na wart´, du Schuft."
Ganz unbemerkt durch diesen Streit
greift Max nach der Gelegenheit
und klettert indianergleich
vom Baum hinab ins Ferkel-Reich.

Wie Winnetou schleicht Max sich dann
an Opas alten Trecker ran,
mit scharfem Blick hat er entdeckt,
dass dort im Schloss der Schlüssel steckt.
Genau in jenem Augenblick
als Harms den Metzger am Genick
und dieser ihn am Stiefel hält,
hat Max den Motor angestellt.
Der Auspuff spuckt, er qualmt und kracht
und färbt den Tag zur schwarzen Nacht,
der russgeschwärzte Vorhang ist
für Maxi gut, für Harms doch Mist.
Im spritgetränkten Nebelfeld
hat Harms den Kampf schon eingestellt,
doch nähert sich nun schemenhaft
ein neuer Feind mit Diesel-Kraft.
Bevor er schnell zur Seite springt
denkt Harms, dass dies nach Trecker klingt,
der nächste Ton, ein morscher Knall,
kommt grob aus Richtung Hühnerstall.
Dann bricht auch schon für´s Bäuerlein
ein zweites Mal die Hölle rein,
Freund Beelzebub zwingt Harms ins Knie,
- nur dieses Mal als Federvieh.
Der schwarzen Wand aus Russ und Teer
entsteigt zum Kampf ein Hühner-Heer,
der Angriff aus dem Höllenschlund
stopft Federn ihm in Nas´ und Mund.

Er hustet, spuckt und fühlt dabei
erst eines nur, dann noch ein Ei,
die Lufteinheit bekämpft ihn nun
mit Bombenwurf der Marke ` Huhn ´.
Geteert, gefedert und am Schluss
gedottert von dem Ei-Beschuss,
schlägt Harms ganz blind auf alles ein
und trifft dabei .... das Metzgerlein.
Der ei-verschmierte Süffelbier
brüllt leicht erbost: „Das zahlste mir !"
sein Riesen-Veilchen blinkt dabei
in zartem Blau zu gelbem Ei.
Bevor der wilde Metzgersmann
den Kampf jedoch beginnen kann,
trifft ihn von Fern, so 2, 3 Mal,
ein gutgezielter Pump-Gun-Strahl.
Vom Ahornbaum deckt Maxilein
den ganzen Hof mit Gülle ein,
im dichten Qualm ist nichts zu sehn
und Harms brüllt nur: „In Deckung geh´n !"
Der Metzger schreit und tobt wie toll:
„Von dir hab´ ich die Nase voll",
auf seiner Flucht zum Laster hin
bebt Schwabbel-Bauch samt Doppelkinn.
Sein Rettungssprung ins Führerhaus
sieht, - findet Max -, recht ulkig aus,
der Flüchtling dreht den Schlüssel rum
da macht´s im Auspuff zweimal „BUMM".

3 - 8

Vom Knall-Bonbon im Auspuff drin
ist der geplatzt und ziemlich hin
und auch dem Herrn im Führerhaus
geht ganz abrupt die Puste aus.
Obwohl mit Gülle reich getränkt
wird dies' Aroma schlicht verdrängt,
aus Stinkgranaten unter'm Sitz
zieht Schwefel-Gas in jeden Ritz.
Der Metzger würgt, weil , - wie ihr wisst -,
der Gas-Gestank *„bestialisch"* ist,
er hustet, keucht und flüchtet dann
von diesem Ort, so schnell er kann.
Beim Sprung aus hohem Führerhaus
rutscht er auf etwas Rundem aus,
er tastet rum, - vom Rauch noch blind -,
und fühlt, dass dies wohl Murmeln sind.
Auch Harms ist grad' in voller Pracht
ganz mächtig auf's Gesäß gekracht,
geprellt am Steiß, verklebt von Ei,
ereilt ihn nun ` *Plan B, Teil 3* '.
Als er im Qualm, der niedersinkt,
ein Lichtlein sieht, das bläulich blinkt,
da trifft ihn schon, - zum zweiten Mal -,
ein wohldosierter Hochdruckstrahl.
Der Druck aus einem C-Rohr-Schlauch
spült ihn hinfort, den Metzger auch,
nach 10 Minuten Wasserschlacht
herrscht klare Sicht und jemand lacht.

„Mensch Harms, du altes Wasserschwein,"
grölt Oberbrandmann Hinkebein,
„man funkte uns, dass, - wie Advent -,
beim ollen Harms die Scheune brennt."
Der Bauer sitzt, vom Ei befreit,
im Hof und tut sich selber leid,
gleich neben ihm schwimmt Süffelbier
und Harms denkt nur: „Warum stets mir ?"
Im Ahornbaum packt Maxilein
den Sender vom CB-Funk ein,
dann schwingt er sich vom Aste aus
auf´s Fensterbrett und dann ins Haus.
Als Unschuldslamm taucht kurz darauf
der kleine Max beim Opa auf;
mit treuem Blick fragt ihn das Kind:
„Ja wo denn nun" die Tiere sind.
Der Opa stellt bedauernd fest:
„Das Schweinchen dort, das ist der Rest",
wobei er auf den Metzger zeigt,
der grad´ aus seinem Schlammloch steigt.
Gestärkt von dieser Schlammbad-Kur
knurrt Süffelbier: „Na, warte nur !"
und hat im nächsten Augenblick
den `alten Freund´ schon beim Genick.
So sind sie halt, die Jungs vom Land,
für Grips und auch Humor bekannt;
beim nächsten Bier im `ROSA SCHWEIN´
wird alles schon vergessen sein.

Sein Borsten- und sein Hühnervieh
erwischte Harms auch später nie;
wie letztes Jahr der Hasenzucht
gelang nun auch dem Rest die Flucht.
Dem kleinen Max, - wer hätt´s gedacht -,
hat dieser Tag echt Spaß gemacht,
nun will er, wenn er größer ist,
zu GREENPEACE geh´n, - als Aktivist !
Bis wir den Max dort wiederseh´n
wird sicher noch viel Zeit vergeh´n,
doch Bauer Harms, den Mann mit Beil,
den gibt´s schon bald, ... im nächsten Teil !

Wer Enten jagt, wird
angenagt
(Harms, Teil V)

4.   Wer Enten jagt, wird angenagt
(Harms, Teil V)

In jedem Jahr herrscht landesweit
saisonbedingt Gewitterzeit,
Tief ` GERDA ´ fegt zum Herbstbeginn
als fetter Sturm durchs Land dahin.
In diesem Jahr hat, - wie es scheint -,
die Sonne es recht gut gemeint,
ein Vierteljahr schien voller Pracht
der Glut-Komet bis spät zur Nacht.
Nach 30 Grad, 12 Wochen lang,
wird Wasser knapp und mancher schwang
zur Abendzeit den Gartenschlauch
und Mutter Erde braucht das auch.
Auch Bauer Harms, auf plattem Land,
stellt fest, ihm ist das Feld verbrannt,
der Wüste hilft kein Wässern mehr
und außerdem - der Teich ist leer.
Vertrocknet ist, bis auf den Grund,
das sonst so feuchte Wasserrund,
auch Ente Quack stellt traurig fest,
dies Pfützlein hier, das ist der Rest.
Zu müde fast zum Weiterzieh´n
da watschelt Quack mit weichen Knie´n
in Richtung Stall, weil sie ja weiß,
dort ist es kühl, hier draußen heiß.

Mit rotem Kopf vom Wüsten-Marsch
und glühend heißem Enten-Po,
schafft Quack es grad bis vorn' ans Tor,
doch das ist zu, sie steht davor.
„Vielleicht hab' ich ..", denkt sie, „... ja Glück
und find' am Haus ein Schattenstück.",
mit letztem Mut und Entenkraft
biegt sie ums Eck' und hat's geschafft.
Auf grünem Grund, schön saftig feucht,
steht prall gefüllt, - das Entlein keucht -,
ein aufgeblas'ner Swimming-Pool
nebst Sonnenschirm und Liegestuhl.
Mit einem wilden Flügelschlag
ist Quack im Pool und macht: „Quaak, Quaak",
sie taucht und spritzt, sie quakt und lacht,
- das hätt' sie besser nicht gemacht.
Ein wildes Brüll'n und kurz darauf
taucht wutentbrannt der Bauer auf;
ein schmutzig-braunes Federvieh,
- in seinem Pool -, das gab's noch nie.
Bewaffnet mit dem Sieb für's Laub
stürmt Harms heran, doch Quack scheint taub,
vor lauter Spaß am Wasserspiel
ist Quack ganz weg und hört nicht viel.
Erst dann, als sich das Sieb schon senkt,
sieht Quack empor, erschrickt und denkt:
„Quaak, Quaak, das wird mein Ende sein.",
denn Bauer Harms, der grinst gemein.

4 - 2

Das Sieb an einem langen Stab
wird, - ging´s nach ihm -, zum Entengrab,
gefangen von dem engen Netz
fragt Quack sich nur: „Was mach´ ich jetz´ ?"
Der Bauer lacht: „Nun hab´ ich dich !"
und tanzt herum, so freut er sich,
in einer Tour, - mal raus, mal rein -,
taucht Bauer Harms die Ente ein.
Nicht vorgeseh´n zum Entenfang,
hält, - Gott sei Dank -, das Sieb nicht lang,
es rutscht vom Stock und Quack entflieht,
was Bauer Harms nur ungern sieht.
Er tobt und brüllt, rast um den Pool:
„Mein schönes Sieb .." und nur der Stuhl,
der mitten auf der Wiese steht,
ist Grund, dass dies daneben geht.
Die wildgeführte Wasserschlacht
hat Gras und Boden glatt gemacht,
Harms´ Bremsversuch vor´m Stuhl beweist,
warum´s bei Nässe „Langsam !" heißt.
Er strauchelt, rutscht und kurz danach
macht´s kurz mal „Krach" vom Holz, das brach,
dann folgt ein „Schnapp" und Harms wird klar,
warum der Stuhl ein ` Klapp-Stuhl´ war.
Geschnappt, verklemmt, bewegungslos,
steckt Harms im Stuhl, - die Wut ist groß -,
doch nähert sich ganz offenbar
von and´rer Seit´ noch mehr Gefahr.

Auch Quack hat wohl schon mitgekriegt
dass hier Revanche im Raume liegt,
mit off´nem Schnabel schleicht sie sich
zu Harms, der fleht: „Oh, bitte nich´!".
Auf plattem Land weiß jedes Kind,
dass Entenzähnchen furchtbar sind,
was auch der Schrei von Harms beweist
als Quack ihm in die Nase beißt.
Der Bauer tobt, er schreit und flucht
auf Quack, die schnell das Weite sucht,
als Harms dann doch die Fesseln bricht,
ist Ente Quack schon außer Sicht.
Bevor er ihr noch folgen kann,
zieh´n Wolken auf und schließlich dann
schießt aus der ersten, - gut für´s Ohr -,
ein Donnerschlag samt Blitz hervor.
Als wenn dies ein Kommando war,
folgt Schlag auf Schlag die ganze Schar,
aus bläulich-schwarzem Himmelszelt
nun Blitz für Blitz das Schwarz erhellt.
Der Donner, der bedrohlich klingt,
mit einem Schlag auch Regen bringt,
auf trock´nen Boden, - hart wie Stein -,
da prasseln nun die Tropfen ein.
Das ziemlich feuchte Bomben-Heer
macht wüstes Land zum braunen Meer,
von oben kommt mehr Wasser an,
als dieses Land es schlucken kann.

4 - 4

Die Folge ist ein breiter Fluss,
der irgendwo ja fließen muss
und wie man schon in Büchern liest,
ist klar, dass Wasser talwärts fließt.
Vom Felde führt der Wasserlauf
zuerst zum Teich, den füllt er auf,
als dieser aus den Nähten brach,
fließt nun der Fluss dem Feldweg nach.
Die Trecker-Spur´n mit Wasser drin
führ´n gradewegs zum Hofe hin,
von rechts von links, von überall,
fließt braunes Nass in Richtung Stall.
Auch Bauer Harms wird langsam klar,
dass dieses hier `ne Sintflut war,
wie Noah einst bei Sintflut Eins
sucht Harms ein Schiff, doch gibt es keins.
Und außerdem, - fällt ihm da ein -,
ist Kegel-Tag im `*ROSA SCHWEIN*´,
„So´n Mist, ..", flucht Harms, *„... ich komm´ zu spät."*
und rast zum Telefongerät.
Im Kopf nur Bier, stürmt er ins Haus,
dort sieht er nichts, - der Strom ist aus -,
drum knallt er erst vor Schrank und Bett
und schließlich dann vor´s Bügelbrett.
Nachdem er alle Kanten kennt
und auch noch vor den Kühlschrank rennt,
hat Harms den Strom grad´ eingestellt
als, - PENG -, ein Blitz vom Himmel fällt.

Der Blitz schlägt laut, mit grellem Schein
und sehr viel Saft ins Stromnetz ein,
per Leitungsstrang vom Strommast aus
schießt er von dort ins Bauernhaus.
Wenn´s blitzt und kracht, - das weiß man schon -,
ist Strom tabu, - auch Telefon -,
und Harms, der dies nicht glauben mag,
wird gleich belehrt, mit hartem Schlag.
Den Hörer links ans Ohr gepresst,
dreht Harms mit rechts die Sich´rung fest,
- dass er solch Unsinn lassen sollt´,
beweist ihm nun ein Strom aus Volt.
Mit Spannung, die durch´s Netzwerk rast,
- und das recht schnell -, wird nicht gespaßt,
durch´s Ohr hinein, am Finger raus,
jagt hier der Saft durch Harms und Haus.
Die Funken sprüh´n, der Bauer glüht,
dann ist´s vorbei und Harms bemüht
zu merken, dass er offenbar
noch blind und taub, doch heile war.
Mit heißen Ohr´n und krausen Haar´n,
merkt Harms, dass es die Stiefel war´n,
durch Gummi-Sohl´n wurd´ er zum Glück,
- nur leicht verschmort -, zum Leitungsstück.
Wer sich mit Strom als Lampe übt,
dem ist vorerst die Sicht getrübt,
mehr tastend und mit siebtem Sinn
sucht Harms den Weg zum Ausgang hin.

Doch leider hat, - als wenn´s nicht reicht -,
nun auch der Fluss den Hof erreicht,
die braune Flut von überall
füllt Bauernhaus und Hühnerstall.
Der ganze Hof wird ungehemmt
2 Meter hoch hinweggeschwemmt,
dann plötzlich da, - das Schwarz bricht auf -,
so schnell wie´s kam, hört´s nun auch auf.
Das Bild, auf das die Sonne schaut,
man gar nicht zu beschreiben traut,
das ganze Tal, samt Hof und Haus,
sieht irgendwie nach Stausee aus.
Und mittendrin im großen Teich,
da schwimmt ein Pool, - `ner Arche gleich -,
und in dem Pool sitzt Katz´ und Maus,
samt Hühnern, Hund und ruht sich aus.
Das aufgeblas´ne Rettungs-Boot
half diesen Tier´n aus höchster Not;
nicht ganz so gut traf´s dieser Mann,
- der manchmal so schön leuchtet -, an.
Die Leuchte schwimmt, noch immer blind,
durch Zimmer, die geflutet sind
und stößt dabei, weil er nichts sieht,
an Treibgut, das vorüberzieht.
Grad´ eben traf, - er merkt´s zu spät -,
den Bauern sein TV-Gerät,
den Eisschrank, der sein Bier sonst kühlt,
den hat´s vorhin vorbeigespült.

„Und Schuld ist nur ..", - laut Bauersmann -,
„... das Entenvieh, denn da fing´s an.
Kommt mir das Vieh noch mal ins Haus,
dann reiß´ich ihm die Federn aus !"
In Märchen kann man öfter seh´n,
dass Wünsche in Erfüllung geh´n,
doch Bauer Harms wirkt leicht verstört,
als er von Fern´ dies Quaken hört.
„Oh, nein !", denkt Harms, der strampelnd treibt
und ständig sich die Augen reibt,
„Das darf nicht sein !", ruft er entsetzt,
„Nicht wieder du. Nicht hier und jetzt."
Er kann sie hör´n, - mal hier mal da -,
doch Pech für Harms, dass er nicht sah,
wie Ente Quack durch´s Fenster kam
und Kurs auf seine Nase nahm.
Dass diese Jagd nicht Harms gewinnt
und Entenzähnchen furchtbar sind,
beweist ein Schrei, den man schon kennt,
Gewinner ist ...., - Na, wer ?

THE ENT   !!

Oh Graus, oh Graus, `ne
Maus im Haus
(Harms, Teil VI)

5.   Oh Graus, oh Graus, `ne Maus im Haus
(Harms, Teil VI)

Wer kennt sie nicht, die Frau im Kleid,
die auf `nem Stuhl um Hilfe schreit,
denn unter´m Stuhl da sitzt, - Oh Graus -,
ihr größter Feind ..... `ne süße Maus !
Das arme Tier, meist klein und grau,
weckt Angst und Furcht in jeder Frau,
selbst Bäu´rin Harms, als Magd vom Land,
bringt jedes *„Pieps"* um den Verstand.
Nichts davon ahnt Klein-Fips, die Maus,
auf seinem Weg zum Bauernhaus,
die Waldmaus Fips sucht Vetter Mike
vom familiären Haus-Maus-Zweig.
Im letzten Jahr war´s andersrum,
doch Vetter Mike, - leicht dick und dumm -,
ist damals derart falsch gerannt
dass er fast nicht nachhause fand.
„In diesem Jahr komm´ ich zu Dir"
schrieb unser Fips statt auf Papier
mit Beerensaft auf´s Ahornblatt,
- wie gut, wenn man ein Schwänzchen hat !
Per Feldmaus-Post hat Fips kurz d´rauf
Mikes Antwort-Blatt: *„Ich freu´ mich d´rauf !"*
und schon im ersten Frühjahrslicht
beginnt sein Weg ..... und die Geschicht´.

Schon bald steht Fips am Waldesrand
vor lehmig-braunem Ackerland,
auf diesem pflügt, - schön Rund´ für Rund´ -,
der Bauer Harms durch feuchten Grund.
Der durchgeschwitzte Bauersmann,
der Fleiss nicht kennt, doch saufen kann,
ist leicht lädiert von letzter Nacht,
die er mit Kumpeln durchgemacht.
Beim Kegeltreff im ` ROSA SCHWEIN´
zog er sich Bier und Körnchen rein,
als Strafe nun schlägt jeder Stein,
auf den er trifft, ins Hirn hinein.
Trotz Aspirin, - gleich 3, 4 Stück -
schwankt er im Sitz, mal vor, zurück;
- sein Magen krampft, er springt vom Sitz
und rennt zum Wald, schnell wie ein Blitz.
Der Trecker pflügt allein durchs Feld,
Harms kommt zurück, verflucht die Welt,
er schnäuzt ins Hemd, macht Bäuerlein,
dann sieht er Fips und grinst gemein.
„Hallo, du kleiner Mäusewicht"
lockt Harms mit List im Angesicht,
dann greift er zu, doch Fips ist schlau,
die Zähnchen spitz und Harms schreit: *„Au"*.
Ein Tropfen Blut aus feinstem Ritz
quillt rot hervor an Daumens Spitz´,
der Bauer brüllt vor Wut und Pein,
doch Fips ist weg, rennt querfeldein.

„Da krieg´ ich dich, du Nagetier,
dich pflüg´ ich durch, das glaube mir",
- der Trecker naht, Harms springt hinauf,
schon sieht er Fips und hält gleich drauf.
In wilder Hatz, mal kreuz, mal quer,
kurvt Fips durch´s Feld, Harms hinterher,
sehr lang hält Fips, die kleine Maus,
dies böse Spiel wohl nicht mehr aus.
Schon weicht die Kraft, sein Herzchen rast,
der Bauer merkt´s, er lacht und spaßt,
ein letzter Schritt und Fips gibt auf,
- schon naht der Tod, samt Teufel drauf.
Doch denk´ ich mir, ist eins wohl klar,
- dass Harms so blöd wie böse war;
ansonsten hätt´, - Gott sei´s gedankt -,
er morgens richtig vollgetankt.
So kommt es nun, wie´s kommen muss,
der Trecker spuckt und dann ist Schluss,
`ne Winzigkeit, - man kann´s kaum seh´n -,
kommt hier das Rad vor Fips zum Steh´n.
Mit Mäusemut und letzter Kraft
hat Fips es auf den Pflug geschafft,
der Bauer sucht vor´m Rad und lacht:
„Wohl doch erwischt"..... - hat er gedacht !
Kanister raus, Benzin hinein,
der Trecker dröhnt, Harms grinst gemein,
„Jetzt schnell nachhaus´, das Frühstück lockt",
- dies hört auch Fips, der hinten hockt.

„'Ne Taxifahrt, - das ist mir recht -,
ein Käsebrot wär auch nicht schlecht.
Wenn Mike das hört, das glaubt er nicht"
freut Fips sich schon auf Mikes Gesicht.
Für einen Tag genug gerannt,
liegt unser Fips bald ganz entspannt
auf Bauers altem Mantel rum
und schlummert ein ..... wie dumm, wie dumm.
Die Fahrt zum Hof, dort in den Stall,
kriegt Fips nicht mit, erst bei dem Knall
als Bauer Harms den Hänger löst
schreckt Fips empor: „Ups, - eingedöst".
Noch nicht ganz wach und auch verschreckt,
sucht Fips ein Loch, - jetzt schnell versteckt -,
wie schade nur, dass offenbar
das Loch des Mantels Tasche war.
Der Bauer greift das Kleidungsstück
und zieht es an, doch Fips hat Glück,
im miefig-dunklen Not-Versteck
riecht´s erst nach Schweiß und dann nach Speck.
Am Haken in der Küche drin
hängt Bauer Harms den Mantel hin,
aus großer Höh´ späht Fips hinaus,
das ist zu hoch, - sieht böse aus !
„Wo warst du, Mann ?" tönt Bauers Weib,
und rollt heran mit rundem Leib,
„Der Speck ist schwarz, der Kaffee kalt,
- die Trödelei, die reicht mir bald."

„Weib, halt´ den Rand", brüllt Harms zurück,
„brat´ neuen Speck, - ein großes Stück.
Die Arbeit hat, - wer hätt´s gedacht -,
heut´ morgen richtig Spaß gemacht."
Die Bäu´rin geht zum Schrank und stöhnt,
der Bauer rülpst, - sie ist´s gewöhnt -,
als sie dann vorn am Schränkchen kniet,
Klein-Fips die Chance zum Absprung sieht.
Grad´ unter´m Mantel, nicht weit weg,
sucht Bäu´rin Harms im Schrank nach Speck,
- die letzte Chance, Fips zögert nicht,
er springt hinab, - ein Leichtgewicht.
Was dann geschieht ist sehenswert;
ein spitzer Schrei und auf dem Herd
sitzt nach `nem Sprung, fast aus dem Stand,
die Bäu´rin Harms, bleich wie die Wand.
Ihr panikhafter Rettungssprung
gab unser´m Fips enorm viel Schwung,
nach steilem Flug die Stiege rauf
schlägt unser Fips fast samtweich auf.
„Ich dachte schon, du kommst nicht mehr"
tönt unter Fips ein Stimmchen her,
sein Vetter Mike, noch immer dick,
grüßt: „Hallo Fips. Ein toller Trick !"
Trotz unverhofftem Wiederseh´n
meint Fips nur kurz: „Wir sollten geh´n",
denn auf der Stiege, - wutentbrannt -,
naht Bauer Harms, mit Axt zur Hand.

„Verdammte Maus, dich kenn´ ich doch !"
brüllt Bauer Harms, „Du lebst ja noch !"
und schon gräbt sich das scharfe Beil
ins Stiegenholz, doch Fips bleibt heil.
Der dicke Mike, zwar etwas dumm,
doch harms-erfahr´n, steht nicht lang rum,
er schnappt sich Fips, - so zart und schlank -,
und zerrt ihn unter´n Dielenschrank.
„Schnell, da hindurch und dort ins Loch"
weist er den Weg, doch vorher noch
tritt Vetter Mike auf ihrer Flucht
vor´s Bein vom Schrank, mit Mäusewucht.
Ein Holzspan-Berg beweist hier Fips
den Mäuseplan und Vetters Grips,
das vorgenagte Schrankbein kracht,
der Holzschrank kippt und Mike, der lacht.
„Es schadet nie, mal vorzubau´n,
doch besser ist´s, jetzt abzuhau´n."
- wie recht er hat, beweist die Hand
dort unter´m Schrank, wo Harms grad´ stand.
Beim Bücken just nach seinem Beil
traf ihn der Schrank, das schwere Teil,
schön plattgepresst im eig´nen Flur
ballt Harms die Faust zum Racheschwur.
„Ihr gottverdammte Mäusebrut !"
brüllt Press-Wurst Harms, ganz rot vor Wut
und fügt mit letzter Luft noch an:
„Komm´ ich hier raus, dann seid ihr dran !"

5 - 6

Aus Augenwinkeln sieht er noch
2 Mäuse steh´n vor´m Mauseloch,
die eine dick, die and´re schlank,
bevor er kurz in Ohnmacht sank.
Das nächste, was der Bauer sieht,
ist Bäu´rin Harms, die bei ihm kniet,
mit Weibes-Wut und grober Kraft
hat sie den Schrank vom Mann geschafft.
„Ich will", knurrt sie, *„dass du sie fängst*
und an den Ohr´n ans Stalltor hängst.
Das sollte dann", grinst sie gemein,
„den and´ren wohl `ne Warnung sein."
Voll tiefem Hass auf jede Maus,
da brütet Harms noch Schlimm´res aus,
das Attentat von diesen Zwei´n
muss irgendwie vergolten sein.
Den Schrankabdruck im Angesicht
verzeiht ein Harms im Leben nicht,
- Oh, Fips und Mike, seid auf der Hut -,
ihm steht der Sinn nach Mäuseblut.
Schon malt er sich im Geiste aus
„Ein Sitzbezug aus echter Maus",
des Bauern Antlitz leuchtet hell
vor Freude auf das weiche Fell.
Doch bei der Jagd gilt allgemein,
„Verteil´ kein Fell vom Mäuselein,
bevor Du´s nicht gefangen hast."
- ein weiser Spruch, der hier gut passt.

Doch Harms, als alter Jägersmann,
meint wieder mal, dass er dies kann,
nebst Fallen, Strick und Hackebeil
gibt´s Käs´ am Stück, ein Riesenteil.
Genau vor´m Loch baut er kurz d´rauf
ein Minenfeld an Fallen auf
und in das Feld, - grad´ mittendrin -,
legt Jäger Harms den Käse hin.
Der Käse hängt, - gemeiner Trick -,
geschickt getarnt an einem Strick
und an dem Strick hängt fallbereit
das scharfe Beil, - es ist soweit.
Der Käseduft zieht schnell durch´s Haus,
doch niemand kommt, nicht eine Maus,
drum flüstert Harms zur Bäuerin:
„Verzieh´n wir uns nach unten hin."
Das bäuerliche Jagdgespann
schleicht sich hinab und hockt sodann
am Fuß der Trepp´ auf Stufe Eins,
und lauscht dem ` SCHNAPP´ , doch gibt es keins.
Nach 10 Minuten Wartezeit
denkt Bauer Harms: „Jetzt bin ich´s leid"
und stapft mit schwerem Trampelschritt
die Stiege rauf, die Bäu´rin mit.
Doch oben dann, - oh großer Schreck -,
der Käs´ ist da, die Fallen .... weg;
„Das gibt´s doch nicht", brüllt Harms perplex
und nimmt den Käs´, - rein aus Reflex.

Das scharfe Beil, schlitzt ihm kurz d´rauf,
im freien Fall das Sitzteil auf,
zum Teil entblößt, sonst unversehrt,
steht Harms im Raum, - echt sehenswert !
„Wo sind", keift nun die Bäuerin,
„denn bloß die ganzen Fallen hin ?",
doch Harms steht nur, bedrohlich stumm,
mit Schlitz im Schritt und Käse rum.
„Euch grab´ ich aus", keucht er dann leis´,
„ich krieg´ euch dran, um jeden Preis",
den Käse weg, die Axt zur Hand,
schon trifft der erste Schlag die Wand.
„Mann, bist du toll ?", keift sie ihn an,
„Die gute Wand. Lass mich mal ran.
Nicht mit Gewalt, versuch´s mit Gift,
- ich kenn mich aus, was das betrifft !"
Im Küchenschrank, beim Suppentopf,
liegt ein Paket mit Totenkopf,
auf diesem steht in roter Schrift:
„Nicht essbar - Vorsicht - Rattengift !"
Schon schneidet sie den Käse klein
und stäubt ihn mit dem Puder ein,
das präparierte Henkers-Mahl
stopft Harms sodann ins Maus-Portal.
„Wär doch gelacht", grinst sie ihn an,
„wenn das ´ne Maus verdauen kann.
Gleich morgen früh, das wirst du seh´n,
wird´s mit dem Pack zuende geh´n."

Zufrieden mit dem üblen Plan
zieh´n beide ab und darum sah´n
der Bauer und die Bäu´rin nicht
Mikes fröhlich-freches Mausgesicht.
Die Backen voll vom Käse-Snack
verkündet Mike: *„Jetzt sind sie weg.*
Mensch, Fips hau rein, was für ein Glück."
und stürzt sich schon auf´s zweite Stück.
„Oh Mike", stöhnt Fips, *„die stopfen doch*
kein Festmahl hier ins Mauseloch.
Der Käse sieht", - `ne schlaue Maus -,
„doch irgendwie recht komisch aus."
„Das ist das Zeug aus dem Paket
was unten in dem Schränkchen steht.
Das hab´ ich doch", grinst Mike ihn an,
„längst ausgetauscht, d´rum leck mal dran."
„Mensch, Zucker, Mike !!", ruft Fips erstaunt
worauf ihm Mike ins Öhrchen raunt:
„Das Gift ist nun in dem Paket
auf dem das Schild mit ZUCKER steht."
Nichts ahnend von dem Schilder-Trick
streicht Bauer Harms grad´ fingerdick
das selbstgemachte Obst-Gelee,
- schön extrasüß -, auf´s Brot - Oh weh !
„Dein Obst-Gelee is´ echter Driss",
motzt Bauer Harms nach erstem Biss,
„so wie du kochst," - er stößt kurz auf -,
„geh´ ich noch vor den Mäusen drauf."

Schon spürt er neu den wilden Drang,
der ihn heut früh vom Trecker zwang,
in Windeseil´ stürzt er hinaus
auf´ s Bauern-Klo, gleich hinter´ m Haus.
„Das kann doch nicht ...!?" kommt seiner Frau
ein Geistesblitz, sie schaut genau,
der Puderzucker schmeckt recht fad´
das Schild fällt ab und - in der Tat.
Im Zuckerpäckchen Rattengift,
doch was sie noch viel schlimmer trifft,
das Mäusepack von oben frisst
den Zucker weg - ein schöner Mist.
Ganz heimlich schmeißt die Bäuerin
die Päckchen weg und setzt sich hin,
„Das merkt der nicht", und meint den Mann
der ziemlich schlecht vom Klo weg kann.
Mit leerem Bauch, doch sonst gesund,
kommt er zurück, nach einer Stund´,
„Ich geh´ ins Bett und glaube mir,
ich sauf im Leben nie mehr Bier !"
Ermattet schleicht er kurz danach
die Stiege rauf ins Schlafgemach,
den Vorhang zu, schon sinkt er schlapp,
mit Nachthemd an, ins Bettchen - ` SCHNAPP´.
Der wilde Schrei des Bauern dringt
ins Mäuseloch und dort verschlingt
der dicke Mike das letzte Stück
vom Zuckerkäs´ und sinkt zurück.

„Ich glaube, Fips, .." grinst er pappsatt,
„dass er sie nun gefunden hat",
Fips grinst zurück, „Ich glaube auch"
und klopft sich auf den Kugelbauch.
Wie Bauer Harms durch´s Zimmer springt,
beweist, was es für Schmerzen bringt,
wenn 15 kleine Mäusefall´n
mit lautem ` SCHNAPP´ zusammenknall´n.
Noch lange Zeit fiel hinterher
dem Bauern Harms das Sitzen schwer
und eins ist klar bei der Geschicht´,
- so schlau wie Mike, ist Harms wohl nicht !

Das Liedchen vom Wedeln

6.   Das Liedchen vom Wedeln

Einst war ich ein Jüngling mit Rhythmus im Knie
und liebte das Wedeln im Schnee - holla-hi.
Ich ging auf die Piste mit brandneuem Ski
und bretterte talwärts, mit Schwung - holla-di.

Beim Wedeln hinunter, voll Schwung und Esprit,
sah ich diesen Hasen auf Skiern - holla-hi.
Der Hüftschwung war Klasse, -so schön sah ich´s nie- ,
die Kurven des Häschens perfekt - holla-di.

Ich wollt´ ihr gefallen und wußt´ auch schon wie,
ich kreuzte die Piste, so´n Pech - holla-hi.
Ich sah diesen Rodler, er winkte und schrie:
„Zur Seite, du Blödmann !", zu spät ! - holla-di.

Kurz drauf flog ich waagrecht, wie einstmals Bruce Lee,
mit Schrei durch die Lüfte, vor Schmerz - holla-hi.
Wie ich meine Bahnen am Himmel so zieh´,
steht unten mein Häschen und winkt - holla-di.

Fern abseits der Piste, da *„hauts miar donn hie"*,
trotz schneeweicher Landung nur Pech - holla-hi.
Ein zorniger Bulle, so´n saublödes Vieh,
beansprucht die Weide für sich - holla-di.

Kurz drauf flog ich wieder, in gleicher Manie,
zurück auf die Piste, blitzblau - holla-hi.
Das Pech ging gleich weiter, denn dort traf ich sie,
im Knäul mit dem Hasen ging´s ab - holla-di.

Am Schluss der rasanten Lawinenpartie
erreichten wir endlich das Tal - holla-hi.
Der Schneeball mit Füllung blieb wie durch Magie
so heil wie sein Inhalt, zum Glück - holla-di.

Mein schneeweißes `Bunny´ rief laut: „Du Genie".
und fuhr mit mir Schlitten, oh Mann - holla-hi.
Bei d e m wilden Hasen mit d e r Energie
erscheint so ein Bulle noch sanft - holla-di.

Die Skier war´n im Eimer, doch gab´s Garantie,
mein Hase war sauer und weg - holla-hi.
Doch Hasen gibt´s viele und schön sind auch die,
d´rum wedel ich weiter. Ski Heil ! - holla-di.

6 - 2

Das Liedchen
vom Bauch-Druck

7.   Das Liedchen vom Bauch-Druck

Einst war ich ein Jüngling und suchte ein Klo,
denn irgendwas drückte im Bauch - holla-ho.
Es war wohl das `Sushi´ , das isst man ja roh,
doch d e r Fisch aus Japan war schlecht - holdrio.

Es wäre auch möglich, es lag am Bordeaux,
vielleicht auch die Mischung mit Bier - holla-ho.
Egal, es drängt abwärts, sagt fast schon „Hallo",
wenn ich jetzt kein Klo find´ , passiert´s - holdrio.

Da vorn´ steht ein Häuschen, -Oh Mann, bin ich froh-,
ein Baustellen-Klöchen in Blau - holla-ho.
Ich reiß´ an dem Türchen, - verschlossen -, oh oh,
jetzt wird´s aber dringend, ich spür´s - holdrio.

Brauch´ keine Paläste, kein Schloss, kein Chateau,
nur irgendein Örtchen für mich - holla-ho.
Es tät auch ein Schuppen, ein Stall nur mit Stroh,
mit etwas Papier drin, das reicht - holdrio.

Ich hüpf´ durch die Gegend, verkneif´ den Popo
und glaube zu platzen vor Druck - holla-ho.
So krumm wie ein Äffchen im Duisburger Zoo,
schleich´ ich durch´s Gehege im Park - holdrio.

Ich pfeif´ auf die Umwelt, die stirbt sowieso,
dort vorn´ ist `ne Hecke, dort geht´s - holla-ho.
Bin kontra Verschmutzung, doch hier bin ich pro,
es rettet mein Leben, ich schwör´s - holdrio.

Befreit und erleichtert vom `*Sushi*´ und so,
entspannt sich mein Kopf und mein Bauch - holla-ho.
Gerettet vor´m Platzen frag´ ich mich jetzt: *„Wo
krieg´ ich jetzt Papier her ? So´n Scheiß !"* - holdrio.

Doch naht schon der Förster und sagt, ich bedroh´
das Wachstum der Pflanzen und schimpft - holla-ho.
Das ist doch die Lösung, ich sage: *„Ach so ?
Ich hätt´ gern ein Knöllchen."* - Wisch-wisch - holdrio.

Das erste Mal

8.   Das erste Mal

Im Leben gibt´s manch´ Augenblick
der prägend ist für´s Manns-Geschick´,
- doch nichts gleicht je der edlen Qual,
der süßen Angst vor´m „ersten Mal".
Zu einer Zeit, in der man meist
sich selbst als „ganzer Kerl" beweist,
kommt irgendwann so ein Moment,
wo dann passiert, was jeder kennt.
Gesteuert von ` Hormonen pur´
folgt ` Mann´ dem Ruf aus der Natur,
die Pubertät lässt uns die Frau´n
mit völlig neuen Augen schau´n.
Die Mädchen, die sonst „Gänse" war´n,
sind „Schwäne" jetzt mit Seiden-Haar´n,
und irgendwas ist da verkehrt ...
- sie scheinen mir begehrenswert.
Ganz plötzlich zieht´s mich innen drin
voll Sehnsucht grad´ zu einer hin,
ihr Gang, ihr Blick, ein bloßes Wort,
ein Lächeln reicht und ich fließ´ fort.
Wo sie auch ist, da bin auch ich
und frag´ mich stets: „Liebt sie auch mich ?",
mein Leben hat nur dann noch Sinn
wenn ich in ihrer Nähe bin.

Man kommt sich näher, Stück für Stück,
schwankt zwischen Leid und höchstem Glück
und irgendwann ist beiden klar,
dass ihr Gefühl das Gleiche war.
Von dem Moment erkundet man
zu zweit, was man nicht kennen kann,
der Körper hier, - das neue Land -,
ist weitestgehend unbekannt.
Der neu erforschte Kontinent
ist voller Reiz, - die Sehnsucht brennt -,
und schließlich dann, - nach etwas Zeit -,
ist man zum nächsten Schritt bereit.
An `*diesem Tag*´ und `*jenem Ort*´
soll´s nun gescheh´n, doch erst mal dort,
ist man nervös und stimmt sich ein
mit Schmuse-Songs und Kerzenschein.
Das Herz hüpft fast zum Halse raus,
zieh´n beide dann die Kleider aus,
das Hochgefühl von `*Haut an Haut*´
wirkt völlig neu, doch schnell vertraut.
Im Sinnesrausch der Leidenschaft
scheint alles nur noch „*sagenhaft*",
- das höchste Glück auf dieser Welt
ist schöner noch, als vorgestellt.
Das erste Mal „*zu zweit allein*"
wird immer was Besond´res sein,
in jedem Alter, - ganz egal -,
denkt man zurück ans „*erste Mal*",

Am Schönsten wird´s, wenn alles stimmt
und man sich Zeit und Ruhe nimmt,
das Warten auf den „großen Knall"
lohnt sich dabei auf jeden Fall.
Wer´s nur mal tut, weil jemand meint:
„Es wird jetzt Zeit" hat, - wie es scheint -,
nicht nachgedacht und das verschenkt,
was mehr wert ist, als man erst denkt.
Dies ist kein Fall von Schnelligkeit,
wo der gewinnt, der „Erster" schreit,
d´rum hört, was euch ein Dichter rät:
„Für´s erste Mal ist´s nie zu spät!"

Ein Besuch im Gourmet-Restaurant

Ein Spitzen-Mahl hat, - wie man weiß -,
auch manches Mal `nen Spitzen-Preis,
d´rum leistet man sich solch´ Genuss
auch meist nur dann, wenn man es muss.
Für meinen Bauch, - der reichlich fasst -,
da brauch´ ich was, das zu mir passt;
Kartoffeln, Nudeln, Fleisch - schön kross -,
war stets ein Mahl, das ich genoss´.
So mancher mag´s halt rustikal,
ein and´rer eben mehr feudal,
zurecht sagt man, dass, - wie ich find´ -,
Geschmäcker recht verschieden sind.
Bis heut´ fand ich es wunderbar,
wenn´s lecker und wenn´s reichlich war,
ich mag´s gern´ groß zum kleinen Preis
und ess´ gern schnell, dann bleibt es heiß.
Ein Schlemm-Lokal der feinen Art,
- mit „Stern", „Garcon" und „a la carte" -,
hab´ ich bis heut´ zum Futtern geh´n
noch niemals nich´ von drinn´ geseh´n.
Doch jetzt, zum 10. Hochzeitstag,
steh´ ich, - was ich besonders mag -,
im feinsten Zwirn, gestylt wie nie,
vor´m Restaurant `Petit Paris´.

Schon lang setzt mir die Holde zu,
dass ich sie einmal ausführ´n tu,
doch nicht, - wie sonst -, ins `ROSA SCHWEIN´;
es soll, - sagt sie -, was „Feines" sein.
Kaum steh´n wir vorn, - das heißt „Foyer" -,
kommt schon der Chef und spricht: „Entrée",
der Oberkellner Paul war hier
als `Maitre Paul´ ein hohes Tier.
Die Nase hoch, im Butler-Stil,
schwebt er voran, - Tisch 3 als Ziel -,
ich frag´ mich nur, wie dieser Mann
mit Blick empor was sehen kann.
An uns´rem Platz, `nem Tisch für 2,
bleibt er dann steh´n und zieht dabei
auf linke Art, - klammheimlich still -,
am Stuhl, als ich mich setzen will.
„Eij Freundchen, du ..." sag´ ich sodann,
„... fang nich´ mit mir so Spielchen an ! ",
der Kellner schweigt, da sagt mein Schatz
mit rotem Kopf: „Nun nimm´ schon Platz !"
Mit Eisesblick schiebt Paul mich dann,
so weit es geht, ans Tischbein ran,
nachdem dann auch die Dame sitzt,
seh´ ich, wie Paul mein Glas stibitzt.
Ich halt ihn fest: „Nun wart mal hier,
ich brauch´ das Glas. Was gibt´s für Bier ?"
Er stutzt und spricht: „Die Vase ist
kein Trinkgefäß.", - ein schöner Mist !

9 - 2

Obwohl mein Schatz schon kleiner wird
bleib´ ich ganz männlich unbeirrt:
„Ich weiß, ich weiß, dann bring´ mal schnell
die Blumen her und auch 2 Hell´".
„Die passende Getränkewahl ..",
klärt Paul mich auf, „... folgt nach dem Mahl.
In uns´rer Karte führen wir ..",
spricht Paul mit Stolz, „... zudem kein Bier."
„Na, das ist toll ..", rutscht mir da raus,
„... und so was nennt sich Feinschmeck-Haus !
Mir ist egal, ob du eins borgst,
- schau zu, dass du mein Bier besorgst !"
Freund Paul zieht ab und bringt kurz d´rauf
ein Glas-Tablett mit Flaschen drauf:
„Der Koch fand noch ..", spricht er voll Qual,
„... 2 Flaschen Bier vom Personal."
„Ein Hoch auf diesen guten Mann !",
setz´ ich sogleich zum Trinkspruch an,
„Wenn ich mit euch zufrieden bin,
dann ist, - mein Freund -, auch Trinkgeld drin."
„Die Tischgebühr ..", rutscht Paul es raus,
„... enthält bereits den Lohn für´s Haus.
Dass Gäste nicht zufrieden sind,
kommt hier nicht vor.", - ich glaub´, der spinnt.
Höchst arrogant reicht Paul uns dann
die goldgeprägten Karten an,
nach kurzem Blick wird mir auch klar,
warum Freund Paul so hämisch war.

Von dem, was in der Karte stand,
war mir vom Namen nichts bekannt;
die Sprache hier, - war klar -, ist fein,
doch muss es grad´ französisch sein ?
Freund Paul grinst süß wie Zuckerguss
und wartet, dass ich fragen muss,
schon setzt er an zum Redeschwall,
doch nicht mit mir, auf keinen Fall.
Mit stolzem Blick verkünde ich:
„Ich nehm´ die 12 ! Schatz, meinst Du nich´ ?";
mein Schatz schaut mich nur fragend an,
erstaunt, dass ich Französisch kann.
Paul hat´s notiert und spricht zu mir:
„Numéro douze, avec plaisir !",
- was das auch heißt, is´ mir egal,
ich nick´ „Oui, Oui" und schwitz´ total.
Mein holdes Weib fragt ganz gezielt
und gar nicht stolz, was Paul empfiehlt,
„Die Ente ʿparisienneʾ, Madame,
als 2. Gang, Filet vom Lamm."
Der Tipp von Paul klingt gar nicht schlecht,
dazu gibt´s noch „Soufflé vom Hecht",
ich hoffe nur, dass mein Gericht
geschmacklich auch dem Preis entspricht.
Paul schwebt davon und schleppt sodann
nach kurzer Zeit 2 Teller an,
das Entenfleisch ist kross und dampft
und ich bekomm´ ... - mein Bauch verkrampft.

Auf meinem Teller liegen stumm
6 Schnecken mit Gehäusen rum,
- jetzt nur ganz cool und nicht gezeigt
dass mir im Hals was aufwärts steigt.
Mein holdes Weib, der Böses schwant,
schaut mich nur an, auch Paulchen ahnt
dass dies´ Getier ganz offenbar
nicht ganz nach meinen Wünschen war.
Da muss ich durch, kein Rückzug jetzt,
die Gabel her und angesetzt,
jetzt bloß nicht kau´n, sonst wird gespuckt,
6 kurze `*Haps*´ und schnell geschluckt.
Das war´s, - geschafft -, jetzt schnell das Bier
und „*PROST*" auf Dich, du Schneckentier;
der Kellner Paul, er schaut mich an,
als wenn er´s nicht begreifen kann.
„*Monsieur, ...*", spricht Paul, noch ganz erstaunt,
beugt sich zu mir, wo er dann raunt:
„*... es ist nicht gut ...*", - mein Magen zuckt -,
„*... wenn man die Schalen mitverschluckt.*"
Ich hab´s geahnt, - so´n schöner Mist -,
das kommt, wenn man so blöde ist,
in meinem Bauch fahr´n jetzt, - wie dumm -,
6 Bötchen auf `nem Bier-Teich rum.
„*Na ja, was soll´s, ...*", red´ ich mich raus,
„*... so´n Schnecken-Haus macht mir nix aus;*
da iss´ erst mal die Curry-Wurst
im `ROSA SCHWEIN ´, daaa kriegste Durst !"

9 - 5

Noch ziemlich bleich von diesem Schreck
räumt Paul verstört die Teller weg;
der nächste Gang, fällt mir noch ein,
wird hoffentlich ein leichter sein.
Und sehr viel Zeit vergeht auch nicht,
da naht auch schon das Hauptgericht,
ein Wäglein zum Servieren rollt
an unser´n Tisch, verziert mit Gold.
Von unser´m Mahl kann ich nichts seh´n,
weil dort 2 große Deckel steh´n,
den ersten hoch, - Oh, Lamm-Filet -,
und jetzt für mich, ich krieg´.., oh nee !
Ein Krabben-Tier in Feuer-Rot,
das mir erbost mit Scheren droht,
mit Panzer drum, von Kopf bis Schwanz,
liegt da und ruft: *„Los, iss mich ganz !"*
„Der Hummer `a la Cote d´Azur´",
stellt Paul ihn vor und mein Gespür
sagt mir ganz klar, dass ich das Ding
nicht allzu leicht zur Strecke bring´.
Indem ich die Verzierung ess´
gewinn ich Zeit und schau´ indess´
ob diese Rüstung, - hart und glatt -,
wohl irgendwo `nen Eingang hat.
Ich dreh ihn rum, an einer Zang´,
- was mir dann auch ganz gut gelang -,
doch grad´ als ich das Teil so hab´,
da macht es `*Knack´* und sie ist ab.

„Ich seh´, Monsieur kennt sich wohl aus",
lobt Paul und hängt den Lehrer raus,
„Na klar", sag´ ich mit Stolz und Fleiß
wobei ich an der zweiten reiß´.
Das Hummer-Puzzle ` Cote d ´Azur´
macht mich verrückt, - kann nichts dafür -,
ich brech´ und knack´, so gut ich kann,
seh´ zartes Fleisch und komm´ nicht dran.
Nachdem der Fleisch- und Schalen-Mist
zerfetzt und ungenießbar ist,
geb´ ich es auf und knabber dann
vor lauter Frust die Schere an.
Dabei traf ich, - so muss es sein -,
den Schließreflex vom Scheren-Bein
und noch bevor ich´s rauszieh´n kann
hängt´s fest an meiner Zunge dran.
Der Jäger wird zum Opfer nun,
die Zähnchen mahl´n, - was soll ich tun -,
so langsam schließen sie, - oh weh -,
recht schmerzhaft sich um mein Filet.
Mir ist egal, was Anstand ist,
bevor mich dieses Vieh hier frisst
setz´ ich mal kurz, so gut ich kann,
das Ess-Besteck als Hebel an.
Als Fakir, der an Messern kaut
und Schnecken gleich mit Haus verdaut,
bin ich im Saal die Attraktion,
ein letzter Ruck, - da kommt es schon.

Der Druck lässt nach, ich hab´ gesiegt,
das Hummer-Stück, es knackt und fliegt
quer durch den Saal und landet dann
auf Tischlein 11, wo´s bleiben kann.
Am Nebentisch, da tuschelt man:
„Oh Gott, oh Gott, schaut Euch das an",
vor lauter Scham sinkt meine Frau
so tief, dass ich schon rüber schau.
Zum Glück naht Paul mit Gang, Teil 3
und hat auch was für mich dabei:
„Madame, der Hecht. Monsieur, das Rind",
- das klingt recht blöd, wie ich jetzt find´.
Doch ganz egal, wie´s klingen mag,
ein Stück vom Rind verschönt den Tag,
jetzt endlich hau ich mir, - wie toll -,
den Bauch bis hoch zum Zäpfchen voll.
Der Teller dort, den ich gern hätt´
ist breiter fast, als das Tablett,
was muss das für ein Braten sein,
bestimmt ein Steak und nicht grad´ klein.
Damit das Fleisch nicht kühlen kann
bleibt´s abgedeckt, - oh Mann, oh Mann -,
mach hin, mach hin, ich kann nicht mehr,
er deckt ihn ab, der Teller .... leer !
Das ist ein Scherz, das kann nicht sein,
ich schau genau und winzig klein
liegt mitten auf `nem Blatt Salat
ein Streifen Fleisch, - das ist Verrat !

Paul strahlt mich an: *„Ein Hauch von Rind
auf grüner Au"*, - ich glaub' der spinnt -,
dem geb' ich was mit grüner Au,
wenn ich ihm gleich auf's Grinsen hau'.
Bevor ich's noch nicht wiederfind'
nehm' ich das Fleisch, - das ganze Rind -,
und steck's mir dann, so winzig klein,
auf einmal in den Mund hinein.
Nach zweimal kau'n ist dies Gericht
verdaut und schlucken muss man nicht,
erwartungsvoll schaut Paul mich an,
dass ich schon denk': *„Was will der Mann ?"*
Ich weiß nicht, ob's die Schnecken war'n,
vielleicht das Rind, - werd's nie erfahr'n -,
auf jeden Fall war Luft im Bauch
und was dann kommt, das weiß man auch.
Aus meinen tiefsten Innerei'n
entfleucht mir laut ein Bäuerlein,
der Ton verklingt, der Saal ist stumm
und Paul sieht aus, als fiel er um.
Fast umgefall'n wär ich beinah',
als ich kurz drauf die Rechnung sah',
der ganze Spaß F ü n f h u n d e r t Mark,
- für zweimal kau'n find' ich das stark.
Den Abend im ` *Petit Paris*',
- das glaubt mir wohl -, vergess' ich nie,
auch Paul schien mir beim Abschied froh
und meine Frau schon sowieso.

„Das nächste Mal ...", sprach sie zuhaus',
„... führst du mich dann, wie du willst, aus.
Gourmet zu sein, das schaffst du nie !"
Wie recht sie hat...

       „Bon Appetit !"

„Das nächste Mal ...", sprach sie zuhaus',
„... führst du mich dann, wie du willst, aus.

Ein schattiges Plätzchen

10. Ein schattiges Plätzchen

Es heißt zu Recht, - auch wenn gemein -,
„Du kannst nicht immer 17 sein".
Es knackt und knirscht, was bleibt da nur ?
Ach ja, ich weiß, - die Reha-Kur !
Ein schöner Ort, - meist *„Bad"* genannt -,
hilft Alt und Jung, ist man verspannt,
doch fordert auch, wie jeder weiß,
die schönste Kur manch´ hohen Preis.
Beim Frühstück schon, - gibst du nicht Acht -,
hast du dir rasch was angelacht,
bald folgt man dir auf Schritt und Tritt,
du rennst und rennst, dein Schatten mit.
Solch Schatten kann, - geht man d´rauf ein -,
im wahrsten Sinn ein *„Schandfleck"* sein,
drum gilt für Herren und auch Frau´n:
„Stets wachsam sein und keinem trau´n !"
Ist´s dann trotz Vorsicht doch gescheh´n,
- ein Schatten klebt und will nicht geh´n -,
da hilft nur eins, - die Flucht nach vorn -,
den Feind visiert in Kimm´ und Korn.
Geh´ gleich drauf los und spare nicht
mit Krankheit, Viren, Leid-Geschicht´,
sei infektiös und aufdringlich
und huste Schleim am Mittags-Tisch.

Wenn dieses alles auch nicht reicht
und solch ein Schatten gar nicht weicht,
da gibt´s nur Eins, - das hilft bestimmt -,
- wenn man den eig´nen Schatz mitnimmt.
Vom gut bewachten Unterleib
weicht Schatten-Mann und Schatten-Weib,
- die Ehe-Botschaft ist nicht schwer:
„Verzieh Dich hier, da läuft nichts mehr !"
Es heißt zu Recht, - präg´s Dir gut ein -,
„Sollst immer treu und redlich sein".
Doch gibt´s wohl auch genügend Leut´,
die grad´ die Sünd´ beim Kuren freut.
Für jene gilt: „Löscht stets das Licht,
- dann sieht man auch den Schatten nicht !"

In schwindeliger Höhe

11.   In schwindeliger Höhe

In jedem steckt, - behaupt´ ich mal -,
ein wunder Punkt, ein Ort der Qual;
du fürchtest dich, du schwitzt und bangst,
mein wunder Punkt heißt ` *Höhen-Angst* ´.
Nehm´ ich zuhaus´ Gardinen ab,
weil ich mal wieder Wasch-Tag hab´,
dann graust es mir von vornherein
vor jedem Stuhl mit hohem Bein.
Die Höhe misst vom Sitz grad´ mal
` nen halben Meter bis ins Tal,
doch dieser halbe Meter reicht,
dass mir der Mut samt Blutdruck weicht.
Noch schlimmer wird´s beim Wander-Trip,
wenn ich am Gipfel rückwärts kipp´,
- ein Wanderpfad ist gut und schön,
führt er nicht grad´ in steile Höh´n.
Von allerfrüh´ster Kindheit an
bis heute hin, als reifer Mann,
träum´ ich den Traum vom freien Fall,
wach schweißnass auf - stets kurz vor´m Knall.
Weil Angst ja heut´ nicht *„männlich"* wirkt,
hab´ ich gelernt, wie man´s verbirgt,
doch kommt es vor, - wie ihr jetzt seht -,
dass dies´ auch mal daneben geht.

Am Sonntag ist - mir wird schon flau -
am Segelplatz die „Luftfahrt-Schau",
als Attraktion, da kündigt man
die Fallschirm-Stunts der „ANGELS" an.
Normalerweis´ käm ich nicht drauf,
dass ich zu so `ner Flugschau lauf´,
der Blick hinauf treibt mir ja schon
den Puls in die Gefährdungszon´.
Doch diesmal heißt´s „Wer wagt, verliert"
und ich hab´ wohl zu viel riskiert,
ich sprach zu laut „Das find´ ich toll"
und nahm damit das Maul zu voll.
Mein Chef vernahm ganz offenbar,
dass ich so voll begeistert war
und was doch keiner ahnen kann
ist die Tortur, die dann begann.
Ganz plötzlich platzt Direktor KLEIN
zu mir in mein Büro herein
und sprach: „Mensch Kielmann, ham `se Schwein,
ich lade sie zur Flugschau ein.
Ich hab´ `nen Platz im VIP-Bereich,
doch meine Frau ist viel zu weich,
hat Höhenangst, das arme Kind,
- wie gut, dass wir noch `Kerle´ sind!".
Voll überfahr´n hör´ ich von fern
mich selber sagen: „Prima, gern!"
als mir bewusst wird´, was ich tat,
ist er schon weg, - jetzt brauch´ ich Rat.

11 - 2

Kollege Müller, - nebenan -,
ist einer, dem man trauen kann,
doch einz´ger Rat, den dieser weiß,
ist: *„Musste durch"*, - ein schöner Sch....!
Die letzte Hoffnung, die mir bleibt,
ist, dass ein Sturm vorübertreibt,
- der Sonntag kommt, doch als ich schau´
seh´ ich den Himmel, - strahlend blau.
Um pünktlich Zehn, da hupt es dann
und draußen hält ein Auto an,
Direktor KLEIN sitzt grinsend da
und fährt, - na klar -, `nen SLK.
„Das ist ein echtes Sport-Coupé
mit Klima, Allrad, E.S.P..
Computer navigieren heut´."
- ich nicke brav und tu´ erfreut.
Mit off´nem Dach braust Direx KLEIN
die Straße lang, - das muss wohl sein -,
„Das ist ein Spaß", - na ja, es geht -,
„wenn so der Wind ins Auto weht".
Bei jedem Rock am Straßenrand
tritt er auf´s Gas bis an den Rand,
mein lieber Chef, Direktor KLEIN,
scheint irgendwie *„verjüngt"* zu sein.
„Ach Kielmännchen, sie glauben nicht,
wie ich mich freu´," - ich armer Wicht -,
„dass ich, wie sie, mal jemand treff´,
der ehrlich ist, zu mir als Chef.

Man sagt mir meist", - ich werd´ ganz still -,
„nur das, was ich grad´ hören will.
Den meisten Typen fehlt der Mut
zur Offenheit." - das kenn´ ich gut !
Bevor ich mich bekennen kann
gelangen wir am Zielort an,
das Satelliten-Such-System
zeigt: *„Wir sind da. War´s schön bequem ?"*
Ein Knopfdruck und das Dach geht zu,
wir steigen aus, mein rechter Schuh
trifft auf der Wiese, - ach wie nett -,
mit lautem *„KWTSCH"* ein Kuh-Omelett.
„Das bringt doch Glück", hör´ ich erfreut,
„und hier gibt´s ´ne Verlosung heut´.
Wir kaufen gleich, - ich lad´ sie ein -,
2 Lose hier vom Flug-Verein."
Gesagt, getan, mit froher Min´
muss ich kurz d´rauf 2 Lose zieh´n,
auf einem steht, - ich glaub´, ich spinn´ -,
in fetten Lettern *„HAUPTGEWINN"*.
„Na, so ein Glück, ich sag´ es ja",
lacht Gönner KLEIN, *„was gibt´s denn da ?"*
Ich zuck´ die Achseln: *„Steht hier nicht"*,
doch ist die Lösung schon in Sicht.
Der Lose-Mann vom Flug-Verein
bekam´s wohl mit und mischt sich ein:
„Ein toller Preis, - Oh Mann, oh Mann -,
um den man Sie beneiden kann."

11 - 4

Mit Megaphon brüllt er auf´s Feld
„Der Hauptgewinn" und aus `nem Zelt
tritt ganz in Weiß, - mit Fallschirm an -,
so´n Stuntmen-Typ an mich heran.
„Na, bitte schön, das wurd´ auch Zeit,"
begrüßt er uns und grinst schon breit,
„ein Kerl der auch mal Rückgrat hat."
- und knallt mir eins vor´s Schulterblatt.
„Die ersten sind", - ich hör´ und staun´ -,
„vor lauter Angst gleich abgehau´n,
doch diesmal nicht, mein lieber Jung´,
ich gratulier´ zum Tandemsprung !"
Ein Tandemsprung ? Ja, spinnt der denn ?
Das ist ein Traum, den ich schon kenn´ !!
Ich kneif mich, - noch mal -, nichts passiert;
bevor ich´s glaub´ sind wir zu viert
und steigen unter Jubelschrei´n
ins weißlackierte Flugzeug ein.
Die Tür knallt zu, - ich will hier raus -,
doch mit der Flucht sieht´s übel aus,
- bevor ich noch `ne Chance hab´
hebt `ANGEL ONE´ schon dröhnend ab.
`Wär´ das ein Traum´ - hab´ ich gedacht -,
`dann wär ich längst schon aufgewacht´ ,
wenn´s keiner ist, dann gute Nacht,
- da hör´ ich wie der ANGEL lacht.
„Na, komm schon Freund, so schlimm wird´s nicht."
- ich merk´, wie mir der Schweiß ausbricht -,

11 - 5

„Ein kleiner Schubs und etwas Mut,
dann klappt das schon." - geht´s dem noch gut ?
„Ich geb´ dir Geld, - was du verlangst -,
nur bitte ..., ich hab´ Höhen-Angst !",
der ANGEL grinst: „Das geht vorbei.
Vertraue mir !" - jetzt grinsen 3.
Ein Lämpchen blinkt, erst rot, dann grün,
„Jetzt geht´s gleich los !" ruft ANGEL kühn,
„Du hast zwar einen Fallschirm an,
doch hängst du gleich bei mir mit dran.
Mach einfach nichts, genieß´ den Flug",
die Tür geht auf, - was für ein Zug !
Der scharfe Wind, ein falscher Tritt,
ich weiß nicht wie, doch zieht´s mich mit,
bevor mich ANGEL halten kann
tret´ ich die Fahrt nach unten an.
Im freien Fall als Hauptgewinn
zieht´s mich zu Mutter Erde hin,
- es kommt echt gut, wenn man vergisst,
wo oben und wo unten ist.
Nach 20-fachem Überschlag
geschah´s mal, dass ich waagrecht lag,
als Spatz mit Arm statt Flügeln dran,
fing ich auch gleich zu flattern an.
Da dies Verhalten offenbar
nicht nur recht blöd, auch sinnlos war,
fing ich auf halber Strecke dann
sehr angestrengt zu grübeln an.

11 - 6

Die Erde schien mir zwar noch klein,
doch leider schon recht nah zu sein,
so wie ich fall, komm´ ich - oh Graus -
direkten Wegs in China raus.
„Ein Fallschirm wär jetzt angebracht"
hab´ ich so grad´ bei mir gedacht,
da fiel´n mir ANGELs Worte ein,
- wie konnt´ ich nur so blöde sein !
Auf meinem Kreuz hängt groß und breit
ein Fallschirm drauf, - die ganze Zeit -,
der Notfallschirm beim Tandemsprung
erweckt in mir Begeisterung.
Hier vorne muss, - fällt mir noch ein -,
doch irgendwo `ne Leine sein,
wahrscheinlich hier der Griff in Rot,
ich reisse dran, - oh große Not !
Ich hab´ da wohl was falsch gemacht,
denn so war´s sicher nicht gedacht;
der Griff ging ab, doch mehr auch nicht,
- dies scheint das End´ von der Geschicht´.
Schon längst erkenn´ ich jedes Haus
und denk bei mir: *„Gleich ist es aus"*,
ich schau nicht hin, die Augen zu,
- da spür´ ich einen Griff am Schuh.
Ein Engel schwebt gleich neben mir,
„Oh lieber Gott, ich danke dir",
2 weit´re folgen hinterdrein,
- das können nur die *„ANGELS"* sein.

Dann macht es `Klick´, an meinem Gurt,
was jetzt auch ziemlich dringend wurd´,
denn langsam kann ich ganz bequem
den Leuten in die Augen seh´n.
Dann gibt´s `nen Ruck, der Schirm geht auf,
worauf ich erst mal kräftig schnauf´,
mein ANGEL spricht: *„Ich sagte dir
doch eben schon, vertraue mir !"*
Den Landepunkt im Festbereich
den trafen wir ganz „butterweich",
genauso weich wie meine Knie,
denn diesen Flug vergess´ ich nie.
Mein Chef kommt auf uns zugerannt
und ruft dabei: *„Mensch, was für´n Stunt !
Das hätt´ ich ihnen"*, brüllt er laut,
„im Leben niemals zugetraut."
„Das glaub´ ich gern", erwider´ ich,
„bis eben hätt´ ich´s selber nich´."
ein ANGEL grinst: *„Mit Mist am Schuh ..."*
und kneift dabei ein Auge zu.
Ganz recht hat er, das seh´ ich gleich,
- d´rum war´s vorhin auch „butterweich" -,
schon wieder trat ich - jetzt mit zwei´n -
in knöchelhohen Kuh-Schitt rein.
Direktor KLEIN gibt mir den Rest:
*„Ihr 2. Preis steht auch schon fest.
Das and´re Los"*, - Begeisterung -,
„ist was für sie... - ein Bungee-Sprung !"

11 - 8

Es ist wieder mal Zeit

12.   Es ist wieder mal Zeit

Historisch ist es nicht ganz klar,
wo eigentlich sein Ursprung war
und auch der Duden sagt uns nicht
wer´s einst erfand, - drum dies Gedicht.
Das Wort, - ein Gruß -, ist Phänomen
und hat zu tun mit *„Essen geh´n"*,
von Nord nach Süd in deutschem Land
ist dieser Gruß dem Volk bekannt.
Wie Lemminge beim Sprung ins Meer,
wird hier tagaus ein Menschenheer
vom unsichtbaren Ruf gelenkt,
der sie auf dieses Wort beschränkt.
Das Phänomen taucht bundesweit
stets pünktlich auf zur Mittagszeit,
von ca. 12 bis 14 Uhr
hört man dies Wort in einer Tour.
Trotz zeitlich enger Bindungs-Frist
die Örtlichkeit kein Thema ist,
man hört´s auch da, wo´s - rein vom Wort -
so gar nicht passt, - am stillen Ort.
Steh´ ich als Mann mal ganz entspannt
vor´m Becken an der Kachelwand,
grüßt mich mein Nachbar voller Hohn
ganz sicher mit .... - sie wissen schon !

Die Maler uns´rer Zeitgeschicht´
verewigten die Sprache nicht,
mit Comic-Blase wär´ bekannt
wer einstmals dieses Wort erfand.
Beim Staatsbankett, beim Abendmahl,
bei Bauern, Prinzen, - ganz egal -,
im Stummfilm-Stil, ganz ohne Ton,
ständ´ überall .... - sie wissen schon !
Vielleicht setzt sich ja irgendwann
ein wortgewandter Forscher dran
und tüftelt aus, in welcher Stadt
und wer damit begonnen hat.
Bis dahin bleibt´s zur Essenszeit
bei altbewährter Höflichkeit
und manchem rutscht zur Mittagsstund´
grad´ dieses Wort aus vollem Mund.
Bei „Mittagsstund´" fällt mir jetzt ein,
es müsst´ mal Zeit zum Essen sein,
die Uhr schlägt 12, es ist „High Noon"
und endlich Zeit, mal auszuruh´n.
Französisch heißt´s „Bon Appetit"
- doch hier bei uns sagt man das nie -,
beim deutschen Mahl wünscht die Nation
nach altem Brauch .... - sie wissen schon !

Steuerreform
(Geflügelte Worte, Teil IV)

13.   Steuerreform
(Geflügelte Worte, Teil IV)

Geflügelte Worte sind meine Passion
und 3 von der Sorte, die kennen wir schon;
ein weiteres Wörtchen der „spaßpötschen Norm"
ist, - ganz ohne Zweifel -, die ` Steuerreform´.
„Gerechte Verteilung ..", - was hier gar nicht passt -,
„.. der einkunftsgebundenen Abgaben-Last",
- Verteilung klingt immer, als wenn man was kriegt,
womit man den Zahler im Hoffnungsschlaf wiegt.
Das kleine Wort ` Steuer´ steht ganz zu Beginn
und meint nicht nur Steuer im Abgaben-Sinn;
stell´n wir uns den Haushalt als U-Bötchen vor,
ist Steuer das Ruder für AB und EMPOR.
In uns´rer Regierung, - bei allen Partei´n -,
will jeder gern Käpt´n und Steuermann sein;
den Typen, die rudern, - dem Volk unter Deck -,
dem nimmt man am Ersten noch Lohngelder weg.
Doch gibt´s auch Piraten, die gar nicht viel zahl´n,
- vielleicht mal ein bisschen, als Spende für Wahl´n -,
die ` Abschreib-Korsaren der Wirtschafts-Nation´
erklären stets Kosten, doch niemals viel Lohn.
Für´s Volk wird´s da teuer, man will an sein Geld,
- weswegen die Steuer auch ` teuer´ enthält -,
sehr lieb und auch teuer ist dies Instrument
hingegen dem Staate, der Gnade nicht kennt.

Schön langsam und stetig, soweit es nur geht,
wird diese Art Schraube noch fester gedreht,
der zahlende Bürger, er jammert und stöhnt,
doch tut er das immer, das ist man gewöhnt.
Fällt vorne bei ` *teuer* ´ das ` *t* ´ schließlich weg,
dann steht dort ein ` *euer* ´ für folgenden Zweck:
„*Wir woll´n euer Bestes*", so tröstet der Staat
und meint unser Kleingeld - dies stimmt in der Tat.
„*Auch wir müssen hungern*", erklärt man zurecht,
doch d i e Art DIÄTEN ernähren nicht schlecht,
- die Aufsichtsratsposten im Wirtschaftsbereich
sind auch nur ein Zubrot, da wird keiner reich .. !
` *Reform* ´ heißt verändern, doch ändert sich nur
die ` *Form* ´ der Bezeichnung, nicht deren Natur,
der Staat formt den Kuchen mit kunstvoller Hand,
doch trotz bunter Förmchen bleibt´s immer nur Sand.
Das ` *Re* ´ vor den Förmchen, das kennt man vom Skat,
- die Bauern als Trümpfe im Staatsapparat -,
denn ohne die Bauern, das Volk auf dem Feld,
gäb´s für die Minister „*nix Steuern, nix Geld*".
Geflügelte Worte wie ` *Steuerreform* ´
sind goldene Köder und blenden enorm,
zum Schutz vor solch´ Blendwerk hilft einzig allein
mein „*spaßpötscher Schnellkurs in Steuer-Latein !*"

Prominent
(Geflügelte Worte, Teil V)

14. Prominent
(Geflügelte Worte, Teil V)

Geflügelte Worte erkennt man oft nicht,
doch eben grad´ darum gibt´s dieses Gedicht;
die wahre Bedeutung wird meistens verpennt,
dies zeig´ ich am Beispiel des Worts `prominent´ .
Das `pro´ wird als Silbe verwandt als `dafür´ ,
doch mancher, der Star wird, kann gar nichts dafür,
nur einmal im Fernseh´n, schon gibt´s kein Zurück,
- das war´s dann mit Frieden, mit Heim und mit Glück.
Von Norden nach Süden und quer durch das Land,
bist du nun als „Promi" fast jedem bekannt,
die Presse berichtet von „SEX" und „mit wem",
das `pro´ kann auch heißen, du hast ein Problem !
So mancher Labile, dem dies nicht gefällt,
entflieht in der Flasche dem Druck dieser Welt,
die `Promi-Promille´ , die Drinks an der Bar,
war´n oftmals schon Fallstrick für mancherlei Star.
Nach `pro´ steht die `mine´ , was hier soviel heißt
wie „immer nur lächeln", auch wenn´s dich zerreisst,
du machst gute Mine zum bösesten Spiel,
„Die Show geht stets weiter" ist Motto und Ziel.
Das `rom´ in dem `Promi´ ist Städte-Symbol
für Rom und Monaco, dort fühlst du dich wohl,
Paris ist dein Laufsteg, die Welt dein Zuhaus´ ,
wer schön ist und Geld braucht, der zieht sich auch
aus.

Miss Juni im PLAYBOY, - für´s Auge ein Fest -,
zeigt strahlend ihr Lächeln und auch noch den Rest,
manch´ glanzvoller Aufstieg als Promi begann
im Faltblatt des PLAYBOY... - mit nicht sehr viel an !!
Das ist was für Kerle, - für Damen wohl nicht -,
die lesen viel lieber den BUNTE-Bericht,
Skandale, Intrigen, Gerüchte und mehr,
aus fürstlichen Häusern - das lieben sie sehr !
Besonders die Omis sind stets informiert,
wer grade am Hofe mit wem intrigiert;
- den Adel Europas -, weil Omi ihn kennt,
wird sie auch verewigt im Wort `pr-omi-nent´.
Nix Omi, nix Zeitung - nix Zeitung, nix Geld,
- daran kann man sehen, wer wen unterhält -,
solang´ man sie seh´n will, sind Promis begehrt,
gibt´s nichts mehr zu klatschen, dann sinkt auch der
Wert.
Man könnte auch sagen, Du bist `prominent´
wenn Dich pro Minute ein Fremder erkennt,
- da ist es mir lieber, man kennt mein Gedicht
und auch meinen Namen, doch nicht mein Gesicht !

Das Renten-Loch

15.   Das Renten-Loch

Wie oft hör´ ich in Kneipen drin:
„Das mach´ ich, wenn ich Rentner bin !",
trotz gutem Vorsatz fällt dann doch
so mancher MANN ins Renten-Loch.
Dies *„Renten-Loch"* ist so was wie
` ne *„Ich-werd´-nicht-gebraucht-Phobie",*
obwohl MANN unentbehrlich schien
geht´s, - wie MANN sieht -, auch ohne ihn.
Solch seelenhafter Stolperstein
kann manches Mal echt lästig sein,
MANN sitzt zuhaus´, hat Zeit und Geld
und nichts ist so, wie vorgestellt.
Schon sehnt MANN sich nach kurzer Zeit
nach irgendeiner Tätigkeit,
die Zeit für sich, - einst heiß begehrt -,
ist längst nicht mehr erstrebenswert.
Pfuscht MANN dann noch, in seiner Pein,
der holden Frau ins Handwerk rein,
folgt meistens schon nach kurzer Zeit
der große Knall, samt Ehestreit.
Den neuen Trend beim alten Herrn
seh´n Rentner-Frau´n oft gar nicht gern,
es ist nicht WAS, doch WIE er´s tut,
grenzt dies doch schon an Arbeitswut.

Sonst lebenslang stets gut versteckt
hat MANN den Hang zum Fleiß entdeckt,
MANN wäscht und bügelt, putzt und kocht
und macht, was MANN sonst nie gemocht.
Ganz plötzlich scheint die Haushalts-Welt
sein neu erschloss´nes Arbeitsfeld,
hier darf das arme Rentnerlein
nun endlich wieder nützlich sein.
Doch - weh-oh-weh -, die Gattin schnaubt,
fühlt sie sich nun der Pflicht beraubt
und selbst ein zartes Weib sieht rot,
wenn so ein Kerl ihr Reich bedroht.
Ging´s nur nach ihm, dürft´ sie von nun
rein gar nichts mehr alleine tun,
stets turnt der Gatte, - kreuz und quer -,
der Hausfrau vor den Füßen her.
Um Sieben schon schleicht MANN vom Bett
auf leisen Sohl´n zum Bügelbrett
und wenn sie nur an Kaffee denkt,
hat MANN ihn längst schon eingeschenkt.
Sucht sie dann mal in Seelenruh´
im Schuhgeschäft den schicksten Schuh,
scharrt Männe sich nach einer Stund´
im Laden schon die Hufe wund.
Wenn sie den Herrn, - statt sie ihn preist -,
ganz zärtlich in die Schranken weist,
hört sie von ihm in einer Tour:
„Ich möcht´.., ich wollt´.., ich hab´ doch nur ..".

So´n Mannsbild kann, - trotz hartem Schein -,
im höchsten Maß sensibel sein,
- ein weicher Kern in harter Nuss,
der Rentner-Sein erst lernen muss.

Der schönste Ort auf
dieser Welt

16.   Der schönste Ort auf dieser Welt

Am Fuße des Rauschbergs, vom Hochfelln bewacht,
da liegt so ein Örtchen, wo jeder gern lacht;
inmitten des Tales, das sanft sich erstreckt,
hab´ ich schon vor Jahren dies Örtchen entdeckt.
Seit dieser Begegnung, - schon gleich zu Beginn -,
zieht mich meine Sehnsucht dort stets wieder hin,
- Ruhpolding, dein Zauber, er fing mich schnell ein
und lässt mich stets wünschen, schon bei Dir zu sein.
Führt mich dann mein Weg von der Autobahn her,
- nach Stunden des Leidens im Reiseverkehr -,
dann spür ich von Fern´ schon dies Flattern im Herz
und kann´s kaum erwarten. - Das ist so. Kein Scherz !
Steig´ ich dann bei Ankunft am Zielort schnell aus,
bin ich mir gleich sicher - hier bin ich zuhaus´;
in gastlichen Stuben, bei herzlichen Leut´,
fühl´ ich mich willkommen, was jeden doch freut.
Die nächsten 4 Wochen zieh´ ich nun durch´s Land
und atme den Duft ein, der mir so bekannt,
die Vielfalt der Schönheit, im Berg und im Tal,
verzaubert mich täglich ein weiteres Mal.
Im Winter auf Loipen, zur Biathlonzeit,
doch gern auch im Sommer, im tiefgrünen Kleid,
verführ´n deine Wege zu sportlichem Tun,
doch kenn´ ich auch Wege, genüsslich zu ruh´n.
In mancherlei Gasthaus, - nach jedem Geschmack -,
gibt´s mehr zu verputzen, als ich jemals pack´,

ob Feinschmeckers Küche, ob Großmutters Herd,
das Essen ist immer die Sünde wohl wert.
Auch Windbeutels Gräfin ist allseits beliebt,
- das ist dieses Häuschen, wo´s Süßspeisen gibt -,
wenn ich dann vom Futtern `nen Kugelbauch hab´
trainier´ ich die Pfündchen beim Minigolf ab.
Auch Radfahr´n und Schwimmen, selbst Fliegen ist
drin
und wer sich dies zutraut, schwebt lautlos dahin,
mit Schirm oder Drachen, dem Vogelflug gleich,
zieh´n bunte Gestalten durch´s windige Reich.
Von vielerlei Gipfeln, so rund um den Ort,
frönt mancher Verweg´ne solch luftigem Sport,
doch selbst das Verweilen, hoch droben im Berg,
gewährt uns schon Einblick in Meisterhands Werk.
Im Rücken den Gipfel mit schneeweißem Hut,
im Blickfeld den Chiemsee, - die Sicht ist heut´ gut -;
fern abseits des Trubels, vom Winde umweht,
schweif´ ich in die Ferne, so weit es nur geht.
Will ich nicht mehr laufen, dann fahr ich auch mal
mit Gondel und Sessel gemütlich ins Tal;
vom Rauschberg und Hochfelln, vom Unternberg auch,
genieß ich die Abfahrt - genau wie mein Bauch !
4 Wochen des Frohsinns sind leider - auwei -
viel schneller als üblich erlebt und vorbei,
mit Tränen im Auge, im Herzen das Glück,
verlass ich Ruhpolding, ...

            ... doch komm´ ich zurück !!

Sammel-Wut

17. Sammel-Wut

Man leidet nicht an Sammel-Wut
nur weil man mal was sammeln tut,
doch ist es erst, - so wie bei mir -,
ein echter Trieb, dann `wehe Dir´ !
Schon über 30 Jahre lang
quält mich tagaus ein steter Zwang,
was ich mal hab´, geb´ ich nicht her,
im Gegenteil, - ich will noch mehr.
Begonnen hat mein ganzes Leid
schon ziemlich früh, zur Kinderzeit,
der Kiosk an der Ecke war
mein Fußball-Bilder-Tauschbasar.
Die Bilder, die´s in Tütchen gibt,
war´n damals schon total beliebt,
das Klebe-Album kriegtest du
beim Bildchen-Kauf gleich mit dazu.
In jenem leeren Album war
ein freier Platz für jeden Star,
fast alle Teams war´n schnell komplett,
nur ein Bild fehlt, das ich gern hätt´.
Mein Sparschwein wurd´ zuerst gekillt
auf meiner Jagd nach diesem Bild,
ich kaufte Tütchen, - 10, 12 Stück -,
egal wie viel, ich hatt´ kein Glück.

Der freie Platz im Album war
ein Schlüsselreiz und mir wurd´ klar,
ich werd´ wohl nie ganz glücklich sein,
kommt da nicht bald das Bildchen rein.
Ich nehm´s vorweg, - ich hab´s geschafft -,
doch war´n die Kosten sagenhaft,
auf diesen einen Treffer kam
ein Schuh-Karton an Doppel-Kram.
Erst später dann wurd´ mir wohl klar,
dass dies, statt Pech, Berechnung war,
die Seltenheit von diesem Bild
ist Grund, warum´s als wertvoll gilt.
Der Stolz und die Befriedigung
verhalfen mir zu neuem Schwung,
am nächsten Tag war ich bereits
auf wilder Jagd nach neuem Reiz.
Total verarmt, doch suchtgeplagt,
hab´ ich mich dann zuerst gefragt,
was sammelt wer, der, - wie ihr wisst -,
zwar motiviert, doch pleite ist.
Da blieb nicht viel, doch gab´s, - na klar -,
`ne Lösung, die auch preiswert war,
- Verpackungsmüll vom Straßenrand
von Camel, West und Stuyvesant !
Von Stunde an, da zogen wir
mit Tüten durch das Wohnrevier,
mein Kumpel Bernd war zu der Zeit
mein bester Freund in Freud´ und Leid.

17 - 2

Gemeinsam gab´s manch´ tollen Fund
an edlen Schachteln, golden-bunt,
- im Leben hätt´ ich nie gedacht,
welch´ großen Spaß ein Müllberg macht !
Die Vielfalt, die gigantisch war,
war eindrucksvoll und wunderbar,
an jeder Marke hingen dann
meist 20 Varianten dran.
Bei einem Preis so um 4 Mark,
war´n sie mal `Light´ , mal `Extra stark´ ,
`mit Filter´ oder `ohne´ drin,
ob `Long´ , ob `Short´ , - stets ein Gewinn.
Die Beute wurde registriert,
gekonnt gepresst und archiviert,
wie oft schon hab´ ich mich bis heut´
am Anblick dieses Mülls erfreut.
Der Industrie war wohl bekannt
was ich für Freud´ am Sammeln fand,
drum hielt man auch in dieser Zeit
manch´ Sammel-Spaß für mich bereit.
Im Deckel vom Nutella-Glas,
- was ich von da an täglich aß -,
war´n lange Zeit als Zugewinn
so herrliche Schablonen drin.
Manch´ Zeichnung von `nem Comic-Held
war damit blitzschnell hergestellt,
ob Asterix und Obelix,
ob Charlie Brown, das ging ganz fix.

Auch steigerten Geschenke stets
den Reiz des Cornflakes-Groß-Pakets,
bei jedem Kauf ein and´rer Zwerg
- da wuchs und wuchs der Cornflakes-Berg.
Figürchen-Kram und Plastik-Schund,
- ein Jubelschrei bei jedem Fund -,
mir war´s egal, mein Herzchen hing
an jedem Zwerg und Plastik-Ding.
Beim Penny-Marken-Sammel-Punkt
hat´s dann bei mir auch gleich gefunkt,
auf Flaschen, Dosen und Papier
da winkte dieses Pünktchen mir.
`Ne Vielzahl von Produkten trug
den Penny-Punkt und dies war klug,
denn schließlich such´ ich schon beim Kauf
nur das Produkt mit Penny drauf.
Hab´ ich die Pennys, die ich fand,
dann eingeschickt ins Penny-Land,
kam bald per Post zu meinen Händ´
das Penny-Punkte-Glücks-Präsent.
Zum Glücks-Präsent gab´s dann auch gleich
den Katalog vom Penny-Reich,
als ich den sah, zog ich den Schluss,
dass ich noch sehr viel kaufen muss.
Was jemals mir an Sammel-Kram
im Leben vor die Nase kam,
hab´ ich sofort, - ganz fasziniert -,
gekauft, getauscht und komplettiert.

Das Sammler-Herz, - tief in mir drin -,
nimmt halbe Sachen so nicht hin,
als Sammel-Fan mach´ ich nicht schlapp,
bevor ich´s nicht „kompletti" hab´.
„Ferrero-Überraschungs-Ei"
heißt Jahre schon der letzte Schrei,
das bietet mehr, als man erst meint,
weil´s Spannung, Spiel und Naschwerk eint.
Was immer auch im Ü-Ei steckt
wird bald am Markt zum Kultobjekt,
die Hippos, Dinos, Krokos sind
stets heißbegehrt, nicht nur beim Kind.
Nicht jedes Ei, - das 7. nur -,
verbirgt als Schatz `ne Hart-Figur,
ein Profi merkt beim Rappeln schon
ob´s eine ist, - allein am Ton.
Damit man´s etwas schneller schafft
erwirbt man sie gleich massenhaft,
nach 5 Paletten, - so im Schnitt -,
fehlt nur noch eins, - verdammter Schitt !
Meist eins von 10 Figürchen scheint
mir künstlich knapp, - dies wird verneint -,
doch mir egal, das hebt den Reiz,
- ich pfeif´ auf´s Geld, was soll der Geiz !
Ein buntes Heer, - geputzt und blank -,
marschiert bei mir im Glastür-Schrank,
in Reih´ und Glied stolziert hier stumm
ein mittleres Vermögen rum.

An jedem Tag, so oft ich kann,
schau´ ich mir stolz mein Lager an,
in Kisten, Dosen, Schränken ruht
was so ein Sammler sammeln tut.
So mancher glaubt, dass ich wohl spinn´
und irgendwie besessen bin,
doch keineswegs, bin maximal
ein „großes Kind", doch sonst normal.
Statt Aktienwerten kaufe ich
nur Comics ein, - das rechnet sich -,
gut 10 Prozent an Wertzuwachs
sind, je nach Heft, ein echter Klacks.
Das Wert-Depot besteht bei mir
aus bunt bedrucktem Alt-Papier,
so manches Heft im Schränkchen drin
ist älter noch, als ich es bin.
Von Supermann bis Micky Maus
sieht alles noch wie druckfrisch aus
und trotzdem sind hier welche bald
schon mehr als fünfzig Jahre alt.
Manch´ altes Heft ist heiß begehrt
und heut´ am Markt `nen Riesen wert,
laut Katalog, - 2 Daumen dick -,
rentiert sich auch ein Sammel-Tick.
Mein jüngst erschloss´nes Sammel-Feld
ist wirklich eins für sehr viel Geld,
mein Doktor sagt, das ging zu weit,
doch denk´ ich mir, dies ist nur Neid.

17 - 6

Gepackt hat mich der neue Trieb,
als mir die Stadt ein Knöllchen schrieb´,
der Wisch an meinem Wischer dran
sprach tief in mir den Sammler an.
Mit Stempeldruck auf edlem Rot
verwies man mich auf´s Parkverbot,
so süß verpackt, - im Tütchen drin -,
war dieses Los ein Hauptgewinn.
Seit gut 10 Wochen hab´ ich nun
`ne Menge Spaß und viel zu tun,
ich park´ und halt´ in meiner Stadt,
wo immer man´s verboten hat.
Nach kurzer Zeit kommt dann zumeist
mein guter Politessengeist
und schon hab´ ich, mit etwas Glück,
ein nagelneues Sammler-Stück.
So je nachdem, wie lang´ ich park´,
zahl´ ich mal 10, mal 70 Mark,
dafür hab´ ich in meiner Kist´
`ne Sammlung, die wohl einzig ist.
Mein rotgefärbter Knöllchen-Schatz
birgt jede Straße, jeden Platz,
doch leider ging mir, - Ach, oh Graus -,
vor Wochen schon die Knete aus.
Jetzt krieg´ ich schon zu meinem Leid
den 111. Mahnbescheid;
ein Schreiben mit Behörden-Kopf
droht Böses an, - ich armer Tropf.

Ich seh´ mich schon als kleinen Wurm
im feuchten, kalten Schulden-Turm,
das Schlimmste wär´ für mich wohl dann,
dass ich in Haft nichts sammeln kann.
Da bleibt nur eins, stell´ ich so fest,
hab´ keine Wahl, brauch´ ein Attest,
`nen Freifahrt-Schein auf welchem steht:

„Ein klarer Fall von Spaß-Poet !"

Schluckauf - HICKS -

18.   Schluckauf - HICKS -

Wer kennt das nicht, man sitzt und lacht
und plötzlich hat es „HICKS" gemacht,
- wenn uns spontan ein Krampf durchzuckt,
dann hat man, - heißt es -, „aufgeschluckt".
So´n Schluckauf kann von vornherein
recht störend und auch schmerzhaft sein,
mir ist sogar ein Fall bekannt,
wo dieses „HICKS" kein Ende fand.
Mich hat´s erwischt, - was mach´ ich bloß ? -,
wer´s einmal hat, wird´s kaum noch los;
hast du den „HICKS" erst angeschleppt,
dann hilft nur eins, - das Hausrezept !
Seit unbestimmten Zeiten schon
vererbt man sich von Sohn zu Sohn,
im Dauerkampf „Mensch gegen HICKS",
die allerschönsten Schluckauf-Tricks.
Der beste vom Beliebtheits-Rang
heißt „Luftanhalten, - möglichst lang",
doch kann man hier beim Ausprobier´n
auch mehr als nur den „HICKS" verlier´n.
Nach 3 Minuten bin ich rot
und nahe dem Erstickungstod,
ich gebe auf und schnapp´ nach Luft,
mein „HICKS" beweist - er lebt, der Schuft.

Der nächste Trick heißt „Schluck für Schluck"
und hilft, - laut Oma -, stets Ruck-Zuck,
der „HICKS" wird hier, - wie man erkennt -,
mit schlichten Worten, „kurz ertränkt".
Nach gut 5 Litern Wasser pur
beende ich die Blubber-Kur,
am ersten „HICKS" erkenn' ich dann,
dass dieser Kerl wohl schwimmen kann.
Ein prima Trick, der immer klappt,
zieht nur, wenn ihr `nen Helfer habt,
- ein netter Mensch, der sich versteckt
und dann den „HICKS" zu Tode schreckt.
Mein Bruder Frank hat gleich erkannt,
dass ich mich „HICKS" in Not befand,
ein dunkler Flur, ein kurzes „Buh",
- mehr weiß ich nicht, ich fiel im Nu.
Aus tiefer Ohnmacht aufgewacht
hab' ich zuerst mal „HICKS" gemacht,
mein Plagegeist scheint, - wie gemein -,
ein abgezockter Hund zu sein.
Erstickt, ertränkt, plus Kreislaufschock,
nichts killt den „HICKS", den sturen Bock,
mein Speiseschlund zuckt weiterhin
im gleichen Takt wie zu Beginn.
Doch plötzlich, - da -, der „HICKS" ist weg,
- Was trieb ihn fort ? Vielleicht der Schreck ? -;
warum, weshalb, - ist mir egal -,
beendet scheint die Schluckauf-Qual.

Wie eine Katz´ vor´m Mauseloch
wart´ ich ein gutes Stündchen noch,
doch nichts geschieht und mir wird klar
dass dieser „HICKS" entkommen war.
Wo er auch ist, seid nun gewarnt,
- er ist nicht weg, ist nur getarnt -,
der „HICKS" ist stets und überall
bereit zum nächsten Überfall !

Die schöne Maid im Sternenkleid

19.   Die schöne Maid im Sternenkleid

Dereinst zur Nacht, - sternhimmelklar -,
da knallte mir, - höchst sonderbar -,
vom blinkend hellen Nacht-Gestirn
ein Sternenschnüppchen grad´ auf´s Hirn.
Vom Schwung, der in solch Schnuppen steckt,
hat´s mich - `pardauz´ - dahingestreckt,
drum sah ich auch, - kurz hinterher -,
statt eines Sterns gleich deren mehr.
Nach angemess´ner Liegezeit
war ich, - wie´s schien -, vom Schmerz befreit,
ein letzter Stern, der kreisen blieb,
schien mir der Rest vom Schnuppen-Hieb.
Grad´ hatt´ ich mich mit neuer Kraft
vom kühlen Sitzplatz aufgerafft,
da sprach der Stern: „Verzeih´n, mein Herr"
und - `bumms´ - saß ich erneut Parterr´.
Das kleine Sternchen strahlte hell
und ebenda, an jener Stell´,
stand - `schnuppdiwupp´ - im Lichter-Kleid
die allerschönste Sternen-Maid.
Mit off´nem Mund saß ich so da
und wußt´ nicht recht, wie mir geschah,
sie lachte nur und sprach sodann:
„Dies kommt, wenn man nicht fliegen kann".

Mit einem Wink von zarter Hand
verhalf sie mir zu festem Stand,
ein zweites leichtes Winken nur
- von Beul´ und Schmerzen keine Spur.
Mit einem Lächeln voll Magie
sprach sie zu mir: „Ich lern´s wohl nie.
Erst gestern Bruch im Sternbild STIER
und - Ach, Herrjeh - nun dieses hier".
Verzaubert von der Sternen-Maid
stand ich nur da, - die ganze Zeit -,
der Schnuppen-Schlag auf´s bloße Haupt
hat mir Verstand und Herz geraubt.
Sie sah mich an: „Ich muß jetzt geh´n,
doch würd´ ich dich gern wiederseh´n.
Wenn du des Nachts zum Himmel schaust
und grad ein Stern vorübersaust,
dann wünsch dir was und denk an mich,
- dein Wunsch erfüllt sich sicherlich."
Als gold´ner Schweif, - halb Stern, halb Traum -,
stieg sie dann hoch in Nacht und Raum,
mein Tränchen war wohl, - mit Verlaub -,
die Folge von dem Sternenstaub.
Seit dieser Stund´ hab´ ich zur Nacht
nur stets an meinen Stern gedacht,
ein Jahr genau, - auf diesen Tag -,
verging nun seit dem Schnuppen-Schlag.
Erneut geh´ ich des Nachts Nachhaus´
und schau dabei nach Sternchen aus

19 - 2

und plötzlich da, - ein Schweif aus Licht -,
ich wünsch mir was, - mehr weiß ich nicht.
Es quietscht, es knallt, ich lieg' Parterr'
und jemand sagt: *„Verzeih´n, mein Herr.*
Dies kommt, wenn man so ungeschickt
zum Himmel statt zur Straße blickt.
Wer Sternenschnüppchen finden will,
sucht diese nicht vor´m Kühlergrill."
Die schönste Frau, die ich gekannt,
streicht mir durchs Haar mit zarter Hand,
„ 'Ne Beule gibt´s, doch mehr wohl nicht",
- ich starr sie an und fass es nicht.
Das Licht, die Stimme, - wie ein Traum -,
sind mir vertraut, - ich glaub' es kaum -,
mit einem Lächeln voll Magie
sagt sie zu mir: *„Verzeihen Sie.*
Nicht sehr weit weg gibt´s eine Bar,
- ich glaub´, sie heißt 'MY LOVELY STAR' -,
auf diesen Schreck wird´s besser sein,
ich lad´ sie dort zum Kaffee ein".
Ich nehm' die Hand, die sie mir reicht,
denn meine Knie sind aufgeweicht,
mein Kopf dröhnt noch vom Schicksalsschlag,
als ich sie nach dem Namen frag'.
Umhüllt von Licht im Mondenschein
lacht sie: *„Kann der nicht Schnuppe sein ?",*
dann küsst sie mich und, - mit Verlaub -,
der Kuss war süß wie Sternenstaub.

Auf und nieder,
immer wieder

20.   Auf und nieder, immer wieder

Ob Mann, ob Frau, - ist ganz egal -,
betroffen sind doch beide mal,
man müht sich ab, doch nichts geschieht,
- das Ding ist hin, wie man ja sieht.
Beim letzten Mal, da ging es noch,
- warum nicht jetzt, nun heb´ dich doch -,
in diesem Zustand, - wie gemein -,
komm´ ich, - wie´s aussieht -, nirgends rein.
So langsam steigt mir armem Tropf
das heiße Blut bis hoch zum Kopf,
mein lieber Schatz, gleich neben mir,
spricht voller Trost: *„Liegt nicht an Dir !"*
Als wenn mir das `ne Hilfe wär,
- warum grad´ ich, das ist nicht fair -,
hab´ stets gelacht, - jetzt ist´s passiert -,
bin hilflos, wütend, voll blockiert.
Wenn´s so nicht geht, dann mit Gewalt,
ich tob und schrei: *„Beweg´ dich bald",*
ich zieh´ und zerr´, ich heb´ und drück,
- hier regt sich nichts, nicht mal ein Stück.
Mein Schatz geht´s eher zaghaft an,
dann traut sie sich und stupst mal dran;
- und siehe da, das tote Rohr
steigt langsam erst, dann schnell empor.

„Ihr Kerle seid, - wenn´s mal nicht klappt -,
so furchtbar schnell gleich eingeschnappt !"
- ganz recht hat sie, mein braves Weib,
dies spür´ ich grad´ am eig´nen Leib.
Jetzt schnell hinein, so lang´s noch geht
und dieses Teil noch aufrecht steht;
denn eins ist klar, - wie ich ja find´ -,
- dass Parkhaus-Schranken tückisch sind !!!

„Eine Seefahrt,
die ist lustig, ... ääh ...,
hai*ter*"

21. *„Eine Seefahrt, die ist lustig,*
... ääh ..., haiter"

Mit Fug´ und Recht behaupte ich,
zur See zu fahr´n, das liegt mir nicht,
mich gruselt´s schon bei der Idee
von Schiffbruch, Hai und kalter See.
Den `Weißen Hai´, das Or´ginal,
sah ich als Kind gleich zwei, drei Mal,
- dies hindert mich auch heut´ noch dran,
dort hinzugeh´n, wo ER sein kann.
Doch manchmal kommt es ungewollt
ganz anders, als es kommen sollt´,
denn wer sagt „NEIN", - wär´ doch beschränkt -,
wenn jemand ihm `ne Kreuzfahrt schenkt ?
Im Fernseh´n gab´s, - das seh´ ich gern -,
die Reise-Show „*Von Nah nach Fern*"
und wieder mal gab´s ganz am Schluss
das Quiz, wo man was wissen muss.
Die Frage war: „*Wie heißt die Stadt,*
die Nero einst verkokelt hat ?",
da sieht man mal, dass dann und wann
das Fernseh´n auch was bringen kann.
„*Quo Vadis*" lief am Tag zuvor,
d´rum rief ich an und stellt euch vor,
ich kam auch durch, hab´ „*ROM*" geschrie´n
und krieg´ den Ersten Preis verlieh´n.

Man schenkte mir, - mein Schreck war groß -,
von `Schipper-Tours´ ein Freifahrt-Los
für Vollpension mit Meeresblick
auf Luxus-Liner `MOBY DICK´.
3 Wochen lang als Gast an Bord
mit Essen, Trinken, Tanz und Sport,
das Ziel der Reise wird, - Oh Nein -,
die Küste von Australien sein.
Zu Känguruhs mit Beutelbauch
gibt´s Haie dort und weiße auch,
- wie schön, wenn man ein Bad gewinnt,
wo Haie noch am größten sind.
Doch nun, da ich den Preis gewann
und schließlich jetzt nicht sagen kann:
„Ich habe Angst, dass mich was beisst",
mach´ ich auf Mut, das mach´ ich meist.
In Hamburg dann geh´ ich kurz d´rauf
recht zaghaft noch die Gangway rauf,
- Makrelen sind in dieser See
wohl harmlos, wenn ich untergeh´.
Die Leinen los, das Schiff legt ab,
genau, wie ich´s gesehen hab´
im Film, wo dann das große Schiff
den Eisberg rammt, das Tiefkühl-Riff.
Doch `MOBY DICK´, - vertraue ich -,
ist stark gebaut und tut das nich´,
- auch damals nahm wohl keiner an,
dass die `TITANIC´ sinken kann.

Nach einem Tag wird´ mir schon klar,
dass diese Fahrt `ne Prüfung war,
das Wetter schlecht und ziemlich grau,
so ging´s auch mir, - Mann, ist mir flau !
Dies Auf und Ab im steten Takt
bringt mich noch um, mein Magen sackt
erst bis ins Knie, dort bleibt er nicht,
er steigt empor, bis ins Gesicht.
Als Kerl, der Wind und Wellen trotzt,
wird nicht geklagt und nicht gespuckt,
man geht an Deck, so wie ein Mann,
holt kräftig Luft und reihert dann.
So´n Gang an Deck, der macht echt frei,
das Dumme ist der Wind dabei,
als ich mich grad´ nach vorne bück´,
kam, was ich gab, auch prompt zurück.
Tags d´rauf bläut mir Matrose Hein
die Regel 1 der Seefahrt ein:
„Spuck´ stets nach LEE und nie nach LUV,
nach LEE geht´s rein, bei LUV kommt´s ruf."
LEE heißt `mit Wind´, das weiß ich nun,
mit `Gegenwind´ hat LUV zu tun,
mit `Steuerbord´ ist rechts gemeint
mit `Backbord´ links, so wie es scheint.
Der `Bug´ ist vorn und `Achtern´ nicht,
ein Seil heißt `Tau´ und das Gewicht,
das an dem Tau die Tiefe misst,
das nennt man `Lot´, wie ihr jetzt wisst.

Der Nautik-Kurs bei Seebär Hein
lenkt ziemlich ab und obendrein
weiß ich, - was ich recht wichtig find' -,
wo Rettungsring und Boote sind.
`Ne Woche rum, es läuft recht gut,
das Meer ist ruhig, das macht mir Mut,
„So kurz vor'm Ziel..", beruhig' ich mich,
„.. geht nichts mehr schief" , - so dachte ich.
So kam's, dass ich mit Rettungsring
auf's Achterdeck zum Baden ging,
der Sonnen-Platz am Swimming-Pool
war rappelvoll, kein freier Stuhl.
Die Sonne brennt vom Himmelszelt,
das strahlend blau ins Wasser fällt,
der Horizont scheint endlos breit,
als irgendwer um Hilfe schreit.
„Mein Baby ist von Bord gefall'n"
hör' ich entsetzt den Ruf erschall'n,
und plötzlich seh' ich dort im Meer,
wie etwas schwimmt, - spring hinterher.
Im Fluge erst mach' ich mir klar,
ob diese Tat nicht vorschnell war,
doch ganz egal, ich fall' und fall'
bis ich mit, - *'KLATSCH'* -, auf's Wasser knall.
Der Sprung war gut 10 Meter tief,
die Haltung schlecht und ziemlich schief,
nicht elegant, mehr bombenhaft,
hab' ich den Sprung ins Meer geschafft.

Der Rettungsring, den ich noch trag´,
zieht mich empor an hellen Tag,
ein Blick herum, dort blitzt es hell,
ich paddel´ los, mehr schlecht als schnell.
Die Kraft erlahmt, doch ganz egal,
das Kind ertrinkt, ich zieh´ noch mal,
ein letzter Schwung, ich greife zu,
das Baby beisst und .... bellt ! - Nanu ?
Das kleine Kind, das *„Baby"* ist
ein Pudel-Vieh, - verdammter Mist -,
für so `nen Hund riskier´ ich hier
den Sprung ins Meer und .... - wehe mir !
An meiner Hand, wo er mich biss,
quillt leuchtend rot aus einem Riss
ein Tropfen Blut, dann zwei hinaus,
und dann noch mehr, jetzt ist es aus.
Ein jeder Hai, der Frischfleisch liebt,
weiß nun, wo´s was zu Futtern gibt,
im Trinkerheim laut *„Freibier"* schrei´n,
könnt´ wirkungsvoller auch nicht sein.
Schon spür´ ich fast, wie unter mir
sich was bewegt, mal da, mal hier,
ich schau mich um, ob ich, - Oh weh -,
nicht irgendwo schon Flossen seh´.
Wahrscheinlich zieht man unter mir
grad´ Lose, - nehmt den Pudel hier -,
das kleine Vieh hängt völlig schlapp
am Rettungsring und wartet ab.

„Na ja, von Dir wird keiner satt",
beruhig´ ich ihn, worauf er glatt
die Frechheit hat und mir verschreckt
und dankbar das Gesicht ableckt.
Die Szenerie der Dankbarkeit
wird nur gestört, weil jemand schreit,
ich bin´s wohl selbst, - aus gutem Grund -,
denn was da kommt, scheint ungesund.
In einiger Entfernung zwar,
- was keinesfalls beruhigend war -,
durchschnitt das Meer im weiten Kreis
ein Flossenstück des Weißen Hais.
Erst eines nur, dann plötzlich war
um mich herum ´ne ganze Schar,
da schwor ich mir, komm ich nachhaus´,
fliegt ganz zuerst die Glotze raus.
Ganz plötzlich dann war dort, - Oh Schreck -,
erst Flosse Eins, dann alle weg,
schon fühl ich fast, mit spitzem Zahn,
das gar nicht *hai t´ re* Ende nah´n.
„*Könnt´ ich doch nur auf Wasser geh´n*"
hör ich mich selbst zum Himmel fleh´n,
mein letzter Wunsch klingt mir im Ohr,
schon heb´ ich mich, - wer sagt´s -, empor.
Der engelsgleiche Aufstieg scheint
auch dringender, als man es meint,
die Schatten dort, erst 2, dann 4,
sind nicht vom Hund und nicht von mir.

21 - 6

Die Beine ran, ein letztes Stück,
dann sind wir raus und das war Glück,
das Wasser kocht, es spritzt und schäumt,
doch, „Äätsch"-, der Tisch ist abgeräumt.
Wie ich so über'm Wasser häng',
wird mir am Hals das Hemd zu eng,
das kommt, weil sich am Kragenrand
dies Hakenteil mit Tau befand.
Die `MOBY DICK´ hat grad´ zurecht
schnell beigedreht und, - auch nicht schlecht -,
mit Winde, Tau und Haken dran,
`nen Fang gemacht, - ein Hund, ein Mann.
Matrose Hein, der grinst mich an:
„Boim hoiligen Klabautermann.
Wo´s hier von Haien wimmeln tut,
zum Baden geh´n, - da brauch´ man Mut !"
`Nen echten Schuss´, träf´ eher zu,
- da spür´ ich was am linken Schuh,
mein Seehund-Freund, er kläfft und springt,
- mir scheint´s, dass dies nach `Danke´ klingt.
Ich heb´ ihn hoch: „Ist gern gescheh´n",
die Menge tobt, die Fahnen weh´n,
fast wär ich über Bord gefall´n,
vom vielen `Auf-die-Schulter-knall´n´.
Den Rest der Fahrt genoss ich dann,
weil´s schlimmer kaum noch kommen kann,
wo ich auch war, total egal,
musst´ ich erzähl´n, - am Tag zehnmal.

Zuhause dann hat man gelacht:
„So´n Seemansgarn. Doch nett gemacht !",
kein Mensch hat mir, - wie ich behaupt´ -,
die Hai-Geschicht´ mit Hund geglaubt.

Ihr ward´ dabei, ihr glaubt es doch,
und tut ihr´s nicht, zeig´ ich euch noch
die Narbe einst vom kleinen Riss
vom Pudel-, nicht vom Haifisch-Biss.

21 - 8

Garantiert kaputt

22.   Garantiert kaputt

Kennt ihr das auch ? Ihr sucht was aus,
bezahlt viel Geld, nehmt´s mit nachhaus´,
macht´s einmal an und schon kaputt,
- was ihr auch kauft, ihr kriegt nur Schutt ?
Seit Jahren schon quält mich der Fluch,
dass, - ganz egal, wonach ich such´ -,
das Teil, - hab ich´s nur angetippt -,
nach kurzer Zeit den Geist aufgibt.
Steh´ ich voll Furcht vor einem Berg
mit Schachteln rum, - ganz frisch vom Werk -,
gewinn´ ich beim „*Was-nehm´-ich-Spiel*"
grad´ die, die wem herunterfiel.
Die Garantie erstreckt sich dann
auf das, was man beweisen kann,
doch bring´ ich dann das Teil zurück,
dann f u n k t i o n i e r t ´s, - ein Schelmen-Stück !
Greif´ ich aus List, - höchst raffiniert -,
nach Schachtel A, tu´ int´ressiert
und nehm´ ganz schnell die Schachtel B,
ist B kaputt und A O.K. !
Ich war auch schon mit dem Problem
beim Seelen-Doc und lag bequem,
der sagte mir, mein „*PSI-Niveau*"
sei „*negativ gepolt*" und so.

Für diesen Rat, der keiner war,
war´n Hundert Mark recht annehmbar,
- die Leder-Couch mit Heizung drin,
war, als ich aufstand, auch schon hin.
So langsam bin ich´s wirklich leid.
Erst gestern fiel hier straßenweit
das Stromnetz aus, - nix Watt, nix Volt -,
und nur, weil ich was Basteln wollt´.
Ich hab´ gedacht, es schadet nicht,
hätt´ ich zuhaus´ ein Stück mehr Licht,
ein Birnchen raus, ein neues rein,
- das kann doch nicht so schwierig sein.
Wie ich so am Gewinde dreh´,
durchfährt mich Strom von Kopf bis Zeh,
dann macht es *´PENG´* und schon war´s Nacht,
- die Nachbarschaft war aufgebracht.
Mein Freundes- und Bekanntenkreis
schrumpft immer mehr, - ich weiß, ich weiß -,
ich kann es ja auch gut versteh´n,
wenn sie mir aus dem Wege geh´n.
Wer lädt schon gern `nen Typen ein,
wo kurz darauf, - kommt er nur rein -,
die ganze Elektronik spinnt
und alle nicht mehr sicher sind.
Inzwischen sitzt schon keiner mehr
mit mir im Bus, - die Sitze leer -,
schon allzu oft hat er gestreikt,
wenn nur mein Fuß den Bus besteigt.

Wenn and´re Leut´ in Urlaub fahr´n,
sitz´ ich zuhaus´ und kann´s mir spar´n,
ob Autos, Bahn, ob Düsen-Jet,
- mit mir an Bord wär´s nicht so nett.
Wie oft hab´ ich mir vorgestellt,
dass so ein Jet vom Himmel fällt,
weil ich an Bord, - mit meinem Glück -,
ein klitzekleines Knöpfchen drück´.
Ein Telefon, das brauch´ ich nicht,
weil stets das Netz zusammenbricht,
seit Neuestem zerstör´ ich schon
per Kabelstrang manch´ Telefon.
Beim Störungs-Dienst hängt, - gar nicht nett -,
mein Fahndungsbild am Schwarzen Brett
und gestern schrieb man ungehemmt:
„Ihr Anschluss wurde abgeklemmt!"
Mein Seelen-Doc erklärte mir,
dass ich mich *„psychisch selbst blockier´"*,
ich soll das Ganze *„locker seh´n"*,
- die Couch war neu, d´rum durft´ ich steh´n.
Doch recht hat er, der gute Doc,
die Lösung ist ein Psycho-Schock,
ich hab´ nur Pech, bin nicht verflucht
und morgen wird ein Flug gebucht.
Hurra, Hurra, das Leben lockt,
zulang´ schon hab´ ich rumgehockt,
ich hoffe nur, dass keiner flitzt,
weil er mit mir im Flugzeug sitzt.

Wer ängstlich ist, - da gibt´s genug -,
dem sag´ ich gern, mit welchem Flug,
doch jeder, der d ie Z EILen   las,
de   r weißßßßß   sOfor T,
                w aaaar
  a   lle s

        S   P

                        aß
                            !!!!!!!!!!!!!!!!!!!!!!

22 - 4

Virus X - da hilft rein nix

23.   Virus X - da hilft rein nix

Mein Hals tut weh, die Nase brennt,
mein Husten klingt, als ging´s zuend´,
ich schnief´ und putz´ und hust´ mich wund,
der Doktor meint: *„Klingt nicht gesund!"*
Der *„Influenza-Virus X"*
zieht quer durch´s Land und da hilft nix,
„Grippal-Infekt" steht auf dem Schein,
- oh, geht´s mir schlecht, ich geh´ gleich ein !
Noch nie, solang´ ich denken kann,
fing ich sehr schnell zu klagen an,
doch dieses Mal, - *Schnief, Hatschi, Pruust -*,
da leide ich, - *Schnief-Schnief, Hust-Hust -*.
Ich hab´ gehört, der Virus sei
höchst resistent, - Auwei, Auwei -,
kommt irgendwas an ihn heran,
mutiert das Ding und passt sich an.
Gerüchten nach, - wer glaubt das schon ? -,
stammt X aus einer Forsch-Station,
dort züchtet man, - aus Forscher-Drang -,
viel Sch... heran, was hier gelang.
Ein kleines Reagenzglas fiel,
- der Kommentar: *„Das war nicht viel"* -,
doch Virus X aus diesem Glas
steckt jetzt in mir, ein toller Spaß !

Das Erst-Symptom, - ganz ohne Scherz -,
heißt `körperweiter Glieder-Schmerz´,
vom Haar am Kopf, bis hin zum Zeh,
- was du bewegst, es tut dir weh.
Ganz plötzlich fängt die Nase dann
zu jucken und zu laufen an,
du putzt und putzt und denkst schon fast,
dass du nasal `nen Rohrbruch hast.
Nach 20 Päckchen `TEMPO-Soft´,
da putzt du nur noch halb so oft,
nicht weil es hilft, - Nein, Nein, - der Grund
ist der, - du hast das Näschen wund.
Als nächstes kommt der Kratz-Effekt,
der tief im Hals den Husten weckt,
kommt dieser Zwang erst einmal auf,
folgt Stufe 3 meist kurz darauf.
Die Mandeln sind, - sofern noch da -,
so groß, wie ich sie niemals sah,
und dem, der sie schon draußen hat,
dem schwillt der Hals an ihrer Statt.
In jedem Fall, - das geht Ruck-Zuck -,
schmerzt dir der Schlund bei jedem Schluck
und wenn du glaubst, das wär´ es dann,
fängt nun der Spaß erst richtig an.
Im Kopf macht sich ein Druck-Schmerz breit
und klopft auf´s Hirn, die ganze Zeit,
im Ohrkanal beweist ein Stich,
der Virus X verbreitet sich.

Das Stechen in den Ohren drin
zieht schnell bis zu den Zähnchen hin,
- beißt du sonst stumm ins Kissen rein,
lässt du ab da auch dieses sein.
Und denkst du: „Schlimmer geht´s wohl kaum",
versinkst du schön im Fieber-Traum,
- gibt´s eine Qual, die du nicht kennst,
dann triffst du sie, wenn du jetzt pennst.
Im eig´nen Schweiß schön aufgebrüht,
wirst du dann wach und bist bemüht,
so schnell wie´s eben möglich ist,
auf´s Klo zu geh´n, weil´s dringend ist.
Der Virus hat den Darm entdeckt
und dort auch gleich den Reiz geweckt,
entleert und bleich bemerkst du dann,
dass Virus X ein Schwein sein kann.
Im Sitzen noch verspürst du nun
die Übelkeit und denkst : „Was tun ?",
- ich frage euch: „Habt ihr so schnell
ein passendes Gefäß zur Stell´ ?".
Hast du es dann mit Not geschafft,
kommst du allein, aus eig´ner Kraft,
kaum bis ins Bett, weil , - was man kennt -,
dein Kreislauf nun verkehrt´ rum rennt.
Vom Schwindel, der dich schwanken lässt,
kippt nun die Wand, du hältst sie fest,
dass du statt ihr zu Boden krachst,
bemerkst du erst, wenn du erwachst.

Man kann kaum aus den Augen schau´n
und kommt sich vor, wie frisch verhau´n,
- fünf Runden Kampf mit Virus X,
die hau´n dich um, das geht ganz fix.
So liegst du dann, K.O. und schlapp,
im Flur herum und wartest ab,
vielleicht kommt ja, - so irgendwann -,
ein Arzt vorbei, der helfen kann.
Und wie man so am Boden liegt,
ist klar, dass hier nur einer siegt,
dem Forscher-Team gilt Ruhm und Dank,
denn Virus X macht prima krank !

23 - 4

Kampf den Pfunden

24.   Kampf den Pfunden

Ich esse viel, - meist richtig fett -,
und trink´ auch gern, - man sitzt so nett -,
wenn ich die letzte Wiegung nehm´,
dann hab´ ich ein Gewichtsproblem.
Die Waage zeigt z w e i h u n d e r t Pfund,
bin nicht sehr groß, doch kugelrund,
der Sommer naht, was mach´ ich nur,
hab´ alles, nur nicht Strand-Figur.
Mit diesem Bauch komm´ ich zur Zeit,
selbst eingezogen, nicht sehr weit,
da hilft nur eins, - Kampf dem Gewicht -,
doch von allein, geh´n Pfunde nicht.
Was mir so recht gefallen tät,
das wär `ne *„Null-Verzicht-Diät"*,
ein Essens-Plan mit Leckerei´n
und Kilo-Schwund von ganz allein.
Doch, leider, leider, gibt´s das nicht,
- ein Kreuz mit der Diät-Geschicht´ -,
schon jetzt macht mich der Hunger krank,
doch allzu gern wär´ ich auch schlank.
Naturgemäß glaub´ ich als Mann
nur das, was ich auch sehen kann,
d´rum kaufte ich mir kurz darauf
so´n *„Frauen-Blatt"* und schlug es auf.

Von 60 bunten Seiten war´n
gut 12 gefüllt mit Frauen-Haar´n,
Frisuren hier und Farben dort,
von ‘*Speck beim Mann*´ stand da kein Wort.
10 Tipps wie man zu Männern kam,
plus 20 Seiten Mode-Kram,
ein Rätsel-Teil, viel Promi-Klatsch,
samt Kurz-Roman mit Liebes-Quatsch.
Fast geb´ ich´s auf, doch ganz am Schluss
kommt das, was stets dort kommen muss,
das „*Vorher-Nachher-Demo-Bild*"
erst fett, dann schlank, - ich glaub´, das gilt.
Die Überschrift: „*Wir garantier´n,*
dass Sie im Nu ihr Fett verlier´n.
4 Wochen lang gibt´s jeden Tag
an Kalorien, soviel man mag."
Ganz kleingedruckt steht dann im Text:
„*Kein Speck, kein Fett, kein Bauch, der wächst.*
Nur 3 x täglich vor dem Mahl
ein Schlank-Dragee, statt Hunger-Qual."
Mensch prima, stark, wenn ich das nehm´,
dann werd´ ich schlank, - ganz saubequem -,
schon seh´ ich mich mit Traum-Gewicht
und Hungern liegt mir wirklich nicht.
Gedacht, getan und gleich bestellt,
- ein Monats-Pack für reichlich Geld -,
per Schnell-Versand, kommt tags darauf
ein Päckchen an, ich reiß´ es auf.

„Viel Spaß...", steht drin, „... beim schlanker sein",
ich werf´ sogleich ein Pillchen ein,
danach gibt´s dann, - wen juckt das schon -,
`ne doppelt-große Eis-Portion.
So lebte ich 4 Wochen lang
im hemmungslosen Überschwang,
den Monat drauf war ich gespannt,
wie viel noch auf der Waage stand.
Ich steig´ so drauf und digital
erscheint auch gleich in Rot die Zahl,
- das gibt´s doch nicht, das kann nicht sein -,
z w e i h u n d e r t z e h n, - ich könnt´ so schrei´n.
Sofort renn´ ich zum Telefon,
die Hotline her, es tüütet schon,
dann macht es `KNACK´ und süffisant
erklärt man mir: „Dies ist ein Band!
Die Hotline hier ist grad´ belegt",
ich wart´ und wart´, bis sich was regt,
dann schließlich kommt, - das ist genial -,
„Versuchen Sie´s, ein and´res Mal!"
Das ganze Spiel, das habe ich
sechsmal gespielt, mehr wollt´ ich nich´,
ein teurer Spaß, weil, - schöner Mist -,
so manche Vorwahl tückisch ist.
Die Rechnung für das Hotline-Spiel
war fettgedruckt und richtig viel,
der ganze Mist hat nichts gebracht
und mich nur arm, statt schlank gemacht.

Die Telekom kann nichts dafür,
so sagte man, denn die Gebühr
streicht größtenteils der Kunde ein,
in diesem Fall der Schlank-Verein.
Die haben mich, hat sich entpuppt,
glatt doppelt um mein Geld betuppt,
vor lauter Frust fraß ich sodann
ein Hähnchen mit 2 Keulen dran.
Noch nötiger als eh und jeh
war nun die Kur, - Oh weh, oh weh -,
mein Bauch ist alles, nur kein Brett,
der Gürtel spannt, - ich bin zu fett.
Bei dem Gewicht, da hilft jetzt nur
ein starker Geist, plus Hungerkur,
ein Knäckebrot, vielleicht auch zwei,
mit Yoghurt, Quark und Haferbrei.
8 Wochen Qual und Disziplin
sind ewig lang, so wie´s mir schien,
doch endlich dann, der große Tag,
die Waage zeigt ...., mich trifft der Schlag.
Trotz Magermilch und Quälerei
zeigt dieses Ding z w e i h u n d e r t d r e i,
grad´ 7 Pfund Gewicht dahin,
- sind 3 Pfund mehr, als zu Beginn.
Die Mager-Kur halt´ ich, - Oh Graus -,
nicht einen Tag mehr länger aus,
die Yoghurts, Quark, - kommt alles weg -,
mir steht der Sinn nach Wurst und Speck.

24 - 4

Das folgende „Hab´-Frust-Bankett"
macht gut 6 Wochen Hungern wett,
am nächsten Tag hab ich, - Gut´ Nacht -,
an Kampfgewicht z w e i h u n d e r t a c h t.
Vor´m Fernsehschirm wird mir dann klar,
dass dieser Weg der Falsche war,
im Frühprogramm läuft „Schlank und Fit",
da hüpft man rum und ich hüpf´ mit.
Nach einem Monat Schweiß und Sport
hüpf ich ins Bad und sehe dort,
dass ich vom Fitness-Fernseh-Trab
das Traumgewicht z w e i h u n d e r t hab´.
Die Zahl, die dort zu sehen war,
scheint mir bekannt und mir wird klar,
dass alles, was ich werden kann,
nur eines ist, - ein dicker Mann !
Nach 16 Wochen Qual und Leid,
da weiß ich nun, - das wird auch Zeit -,
was ich in Zukunft nicht mehr brauch´,
- die Waage fliegt, es bleibt der Bauch.

Die gute alte Tanzschulzeit

25.   Die gute alte Tanzschulzeit

Wer kennt ihn nicht, den Fred Astaire,
der tanzt, als wenn´s ganz einfach wär´,
Gene Kelly steppt und ganz modern
ist „*Dirty Dancing*" Pflicht beim Herrn.
Wenn Patrick Swayze `*MAMBO*´ tanzt,
frag´ ich mich stets: „*Ob du das kannst ?*",
doch glaub´ ich nicht, dass ich das bring´,
denn Takt und Tanz war nie mein Ding.
Obwohl ich nur 2 Füße hab´,
verfehl´n die sich meist selbst nur knapp,
der Rhythmus fehlt, kein Schwung im Blut,
Musik und ich, - das geht nicht gut !
Bei jedem Fest mit Tanz, - kein Scherz -,
hab´ ich spontan im Knie `nen Schmerz
und dieser Schmerz ist schuld daran,
dass ich grad´ heut´ nicht tanzen kann.
Bis jetzt kam ich mit dieser Schau
noch immer durch und fand mich schlau,
doch irgendwie und irgendwann,
erwischt es auch den schlausten Mann.
Zum dreißigsten Geburtstag jetzt,
hat irgendwer mich wohl verpetzt,
mein heißgeliebter Freundeskreis
schickt mich zum Tanz ins `*EDELWEISS*´.

Ein Aufbaukurs der Stufe A
für Standard und Latein, - Au ja -,
mein Leben lang, - recht vielen Dank -,
war das mein Wunsch, - ich werd´ jetzt krank.
Doch gar nichts hilft, man glaubt mir nicht,
- auch nicht die „Neuer-Schmerz-Geschicht´" -,
man zwingt mich hin, trotz Widerstand,
bis ich am Schluss im Ballsaal stand.
Ein großer Raum mit viel Parkett
und einer Bar, - wirkt ziemlich nett -,
da steht noch wer, ich heb´ die Hand,
der and´re auch, - `ne Spiegelwand.
Ganz langsam füllt der Raum sich dann
mit Leuten, wo man sehen kann,
die fühlen sich, genau wie ich,
hier auch nicht wohl, - wie schön für mich.
Spontan erklingt von irgendwo
ein Walzer-Lied in Stereo,
ich glaub´, das ist ein Song von Strauss,
bekannt vom Wiener Opernhaus.
Der Chef erklärt: „Dreiviertel-Takt,
wie `Hm-ta-ta´", - klingt das beknackt -,
„Der Herr mit Rechts tanzt Vor-Seit-Schluss
und führt die Frau, die rückwärts muss."
Beim nächsten Takt, wie er uns lehrt,
ist alles dann nur umgekehrt,
der Mann setzt links den Fuß zurück,
die Dame folgt, - mit etwas Glück.

Im Ringelrein probiert dies dann
nun jede Frau mit jedem Mann,
mit wem ich tanz´, das weiß ich nicht,
weil ich den Blick nach unten richt´.
Obwohl man schon Jahrzehnte jetzt
den einen Fuß vor´n ander´n setzt,
ist dieser Schritt mit *„Vor-Seit-Schluss"*
ein Trick, den ich erst lernen muss.
„Die Augen hoch, den Rücken grad´ "
ermahnt der Chef, doch als ich´s tat,
war alles weg, mein Kopf ganz leer
und untenrum lief gar nichts mehr.
Ein falscher Tritt, die Dame schrie
und schließlich dann, - ich weiß nicht wie -,
war´n wir verdreht, d´rum fielen wir,
ich fiel zuerst, sie folgte mir.
Die Schande meines Fehltritts war
so schlimm, dass ich´s zu schildern spar´,
kein off´ner Bruch an Arm und Bein
kann schlimmer, als Gelächter sein.
Doch siehe da, - kein Mensch, der lacht -,
im Gegenteil, - wer hätt´s gedacht ? -,
ein jeder schaut betreten drein,
als könnt´ er bald der Nächste sein.
Man hilft uns auf und Chef sieht nach
ob hier nichts riss und dort nicht brach,
„Ein Sturz beim Tanz ist schnell gescheh´n.
Doch bald ...", sagt Chef, *„... wird´s ohne geh´n."*

Ein Schulter-Klaps vom Chef macht Mut
und gleich darauf ging´s doppelt gut,
ich glaub´, die Angst, sich zu blamier´n,
kann selbst den kühlsten Kopf blockier´n.
Doch auch, wenn nun die Spannung wich´,
ein Tanztalent war ich noch nich´,
ich brauchte lang, bis mir der Takt
vom Ohr bis in die Füße sackt.
Den Walzer im Dreiviertel-Tritt
gibt´s langsam und im Wiener Schritt,
recht schwierig wird´s, wenn man sich dreht
und keiner weiß, wohin´s grad´ geht.
Beim Linksherum steh´n allzu gern
die Füße quer, - zumeist beim Herrn -,
beim Tango tanzt man *„tief im Knie"*,
und *„mantahaft"*, - ich konnt´ das nie.
Die Hand im Kreuz der Partnerin
gehört nur dort, sonst nirgends hin,
geschlossen gibt die Herren-Hand
der Dame dort den Weg bekannt.
Die linke Hand soll allgemein
in Kopfeshöh´ des Kleinsten sein,
der wohlerzog´ne Herr wählt dann
´nen Schritt, dem sie auch folgen kann.
Die Partnerin hat nun das Los:
„Der Herr muss führ´n", - nur wie denn bloß ? –
wie führ´ ich sie gekonnt im Kreis,
wenn ich den Weg meist selbst nicht weiß ?

25 - 4

Mit feuchtem Hemd, die Finger klamm,
hilft hier nur eins: Man tanzt Programm;
ein jeder Schritt steht vorher fest,
2 Runden geht´s, dann hängst du fest.
Dann stellt man sich halt wieder hin,
sucht Position und Taktbeginn,
nach 3, 4 Metern fängt man dann
nach Kollision schon wieder an.
Beim Standard-Tanz zählt zu Beginn
statt Eleganz meist Raumgewinn,
so mancher meint, er hätt´s gut drauf
und macht aus Tanz `nen Dauer-Lauf.
Beim Walzer, Tango, - ganz egal -,
beim Quick-Step, Slow-Fox, kann man mal
bei sehr viel Platz auch Runden zieh´n,
doch nicht grad´ so, als würd´ man flieh´n.
Wenn Standard-Tanz ein Lauf-Sport wär,
dann blieb´ Latein mehr „stationär",
bei Cha-Cha, Rumba, Samba, Jive,
wird bald schon klar - man ist zu steif.
Schon gleich zu Anfang stellt man fest
dass sich so´n Tanz nur tanzen lässt,
wenn man als Kerl, - latinohaft -,
den Beckenschwung wie Elvis schafft.
Die Achtung vor den Tänzern steigt,
obwohl man erst zum Lächeln neigt,
denn schließlich seh´n die meisten Herrn
den Hüftschwung nur bei Damen gern.

Doch hier und jetzt beim Samba-Tanz
zeigt grad´ der Mann auch Eleganz,
was nützt die schönste Tänzerin,
kriegt ER nicht mal `ne Drehung hin.
Beim Paso-Doble darf der Mann
Torero spiel´n und sie greift an,
- wär´ ein Torero halb so steif
wie ich beim Tanz, wär´ er wohl reif.
Als wär´ es gürtelabwärts nicht
schon schwer genug im Unterricht,
befiehlt der Chef: *„Tanzt elegant*
mit jedem Glied, auch Arm und Hand."
Bisher hing oft beim Cha-Cha-Cha
mein rechter Arm recht nutzlos da,
jetzt streck´ ich ihn zur Seite raus
und denk´: *„Seh´ ich bescheuert aus."*
Doch irgendwann kommt der Moment,
wo man so schaut und dann erkennt,
bei manchem Paar, das mehr schon kann,
sieht´s prima aus, - da ist was dran.
Hast du erkannt, du wirkst nur steif,
weil du nicht willst, dann bist du reif
zum Fortschritt-Kurs der Stufe B,
zu dem ich jetzt schon gerne geh´.
Der Chef erklärt: *„Figurenwahl*
gehört zum Tanz, versucht´s doch mal.
Wenn rechtsherum ein Pärchen steht,
dann nehmt den Weg, der linksrum geht."

25 - 6

Problem ist nur, beim Variier´n,
dass beide schnell den Weg verlier´n,
der Mann muss führ´n, das ist jetzt Pflicht,
tut er das nicht, dann klappt´s auch nicht.
Das Chaos auf dem Tanzparkett,
das nun entsteht, ist wirklich nett;
wie Geisterfahrer, - voll der Wahn -,
auf vielbefahr´ner Autobahn.
Nach vielen Stunden Tanzerei
wird´s mehr und mehr doch unfallfrei,
gekonnt kreist nun ein jedes Paar
im Tanzgewühl, als wenn nichts war.
Die neu erlangte Sicherheit,
die macht sich bald im Ego breit,
verächtlich schau ich manches Mal
auf´s Stolpervolk im Spiegelsaal.
„So steif wie die ...", denk´ ich bei mir,
„... war ich doch nie" und schlürf´ mein Bier,
mein arrogantes Grinsen sieht
auch unser Chef und spielt ein Lied.
„Wer tanzen kann ...", verkündet er,
„... bleibt auch im Schritt, kommt ihm was quer.
Ein wirklich guter Tänzer packt
den Tango auch im Samba-Takt."
Die Frau vom Chef und Partnerin
kommt auf mich zu und stellt sich hin,
der Chef ruft laut: *„Applaus dem Held,*
der sich voll Mut der Probe stellt."

Ich mach´ es kurz, mein Hochmut fiel,
und dieses war, ich glaub´, sein Ziel,
es klappte nichts, kein einz´ger Schritt,
der Takt war weg, mein Großmaul mit.
Nachdem ich 2 Minuten lang
die Partnerin zum Stolpern zwang,
geb´ ich es auf und bin blamiert
und ahne nicht, was dann passiert.
Als jemand mir die Hand hinstreckt
und achtvoll sagt: „Respekt, Respekt.
Ich wünschte mir, ich wär so weit,
mich das zu trau´n", da tat´s mir leid.
Wie konnt´ ich nur so dämlich sein ?
Ich nehm´ die Hand und schlage ein,
„Ich glaub´, man lernt ...," entgegne ich,
„... hier außer Tanz, auch was von sich."
Chef kommt dazu: *„Wie wahr, wie wahr.*
Nur manchem wird das später klar.
Bei Tanz und Spiel zeigt sicherlich
fast Jedermann sein wahres Ich."

So kam´s, dass ich für lange Zeit
zum Tanzen ging, - nie tat´s mir leid -,
und nie mehr kam, - auch das war Glück -,
der alte Schmerz im Knie zurück !

25 - 8

Mensch-Ärger-Dich-Nicht

26. Mensch-Ärger-Dich-Nicht

Schon ziemlich früh, zur Kinderzeit,
hab´ ich gelernt, beim Spiel gibt´s Streit,
am Anfang noch läuft´s brav und nett,
dann fliegt ein Stein, zum Schluss das Brett.
Verlierer sind vom Naturell
mal so, mal so, - das zeigt sich schnell,
so mancher kann´s, der and´re nicht,
wie so was läuft, zeigt die Geschicht´.

Am Wochenend´, da spiel´n wir gern
mit je 2 Frau´n und auch 2 Herr´n
und dieses Mal, da fragte ich:
„Wie wär´s denn mit `Mensch-Ärger-Dich´ ?"
Mein Kumpel Paul war gleich dafür,
auch Lisa nickt, doch mein Gespür
verriet mir gleich, das liegt ihr nicht
und auch mein Schatz zieht ein Gesicht.
„Na kommt", sag ich, *„das macht doch Spaß"*
und alles nickt, doch ich vergaß,
dass jemand, der nicht gern verliert,
sein wahres ICH stets gut maskiert.
Egal, wir bau´n das Spielfeld auf,
vier Ecken gibt´s, 4 Felder drauf;
von diesem Start bis hin zum Haus
nur einmal rum, - sieht einfach aus.

Doch gibt´s schon Stress, gleich zu Beginn,
`ne Sechs muss her, sonst bleibt man drin,
ich hab´ gleich 2 und zieh´ schön los,
die and´ren schau´n, - was ist denn bloß ?
„Beeilt euch mal", flachs´ ich so rum,
doch keiner lacht, man würfelt stumm,
doch schließlich dann, in Runde 8,
hat´s jeder was auf´s Feld gebracht.
Mein erster Stein steht dicht vor´m Haus,
- die and´ren 3 seh´n auch gut aus -,
`ne Sechs, `ne Fünf und ich bin drin
und zieh´ auch gleich bis oben hin.
„Das war", lach´ ich, „der erste Streich",
doch als ich schau, da merk´ ich gleich,
dass mancher Spruch, der nett gemeint,
bei diesem Spiel zu stören scheint.
Grad´ würfelt Paul und Lisa stöhnt:
„Wirf´ mich nur raus. Ich bin´s gewöhnt."
von Paul kommt: „Zack ! Zurück zum Start."
ich stoß´ ihn an: „Eij, nich´ so hart."
Mein armer Schatz, Glück hat sie keins,
bei jedem Wurf kommt stets die Eins,
im Schneckenstil schleicht sie dahin,
ich werf´ Sechs – Vier, - den zweiten drin !
Recht neidisch schau´n gleich alle drei
auf die Figur´n und tun dabei
als wär´s egal, doch seh´ ich schon
6 rote Ohr´n als Reaktion.

Nach grad´ mal 5 Minuten dann
ist vor mir Paul, dann Lisa dran,
mein letzter Stein steht kurz vor´m Haus,
Paul kriegt `ne 5 und .... - wirft mich raus.
„Erwischt !" ruft Paul und grinst mich an,
- ich zähl´ gleich nach, ob´s stimmen kann -,
auch Lisa lacht und auch mein Schatz,
- das ist zuviel, ich merk´, ich platz´.
„Ich glaub´ ...", brüll´ ich mit roten Ohr´n,
„.... ihr habt euch gegen mich verschwor´n.
Nur weil ich kurz vor´m Häuschen steh´
und ihr 3 nicht." - Das saß ! Oh weh.
Mein Schatz wirft ein: "Das stimmt doch nicht.
Das Schmeißen ist beim Spiel doch Pflicht."
„Die Mitleids-Tour", ruf´ ich voll Wut,
„die mag ich ganz besonders gut."
„Jetzt hör doch auf", beschwichtigt Paul,
ich fahr ihn an: „Halt ja dein Maul.
Ihr spielt doch schon das ganze Spiel
nur gegen mich !" – Das war zuviel.
„Ich find´ es schlimm," klagt Paul mich an,
„wenn jemand nicht verlieren kann."
„Sag´ nicht, dass ich verloren hätt´."
schrei ich ihn an und schlag´ auf´s Brett.
Das Spiel mitsamt Figuren fliegt
quer über´n Tisch, der Jähzorn siegt,
und plötzlich dann sitzt alles stumm
betreten um das Schlachtfeld rum.

Dann kichert wer, ein and´rer schnaubt
und plötzlich dann, - wer hätt´s geglaubt -,
lacht jeder los und mir wird klar,
dass alles noch wie früher war.

26 - 4

Räuber-Romanze
(FSK: ab 18 J.)

27. Räuber-Romanze (FSK: ab 18 J.)

Im gar so düst´ren Räuberwald
ein Jauchzen durch das Laubwerk hallt,
Hans Räuber brüllt: *„Ich komme bald"*,
was Kunigund, der Räub´ rin, galt.
Die Räuber-Maid im Lumpen-Kleid
ist, - wie man hört -, empfangsbereit,
sie keucht und stöhnt, sie japst und schreit:
„Mach hin, du Schuft, ich bin soweit."
Dem Räuber-Hans fällt dies nicht schwer,
schon schießt er los, sie hinterher;
kurz d´rauf sinkt Hans, - geschwächt und leer -,
auf´ s Lager hin, samt Schießgewehr.
Die Räubersfrau scheint nicht entzückt,
wird sie doch nun fast plattgedrückt,
sie wälzt und schiebt, sie zieht und rückt,
bis ihr sodann der Abwurf glückt.
Indess sein Weib die Röcke rafft
entflieht dem Hans die Manneskraft,
er stemmt sich auf, was er nicht schafft,
auch `Hänschen Klein´ wirkt leicht erschlafft.
Von solchem Anblick kaum erbaut
grinst Kunigund, die Räuber-Braut,
sie schüttelt Hans, der schnarcht schon laut,
worauf sie ihm das Bargeld klaut.

Sein ganzes Gold verschwindet fix
in ihrem Kleid, zurück bleibt nix,
als braves Weib, voll Räuber-Tricks,
nutzt sie die Gunst des Augenblicks.
Der so beraubte Räubersmann,
der schlafend sich nicht wehren kann,
verstummt nur kurz und fängt sodann
sein Schnarch-Konzert von vorne an.
Dies Sägewerk in Nas´ und Mund
ist, - wie es scheint -, hier Scheidungsgrund,
der schlafberaubten Kunigund
war dieser Lärm schon längst zu bunt.
Drum sah sie sich, - weil sie nicht dumm -,
schon unlängst nach was Neuem um,
ihr neuer Hans, - voll Saft und Mumm -,
schläft, - wie sie weiß -, sehr tief und stumm.
Ein Kuckuck ruft, sie lacht und rennt,
weil Kunigund den Kuckuck kennt,
am Waldesrand mit off´nen Händ´
steht ` *Hans im Glück* ´ und ...... HAPPY END !

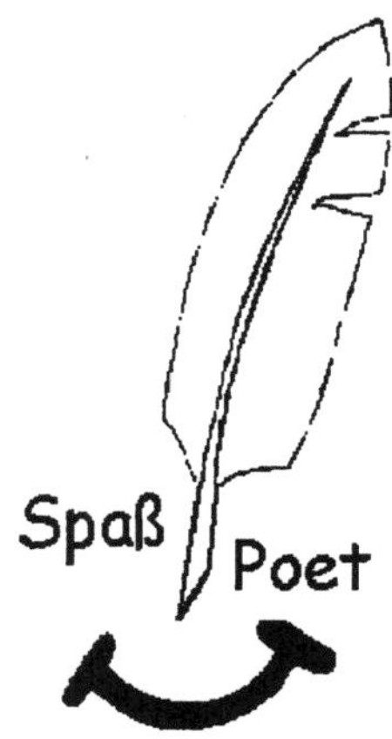
Spaß Poet